जीवन अनमोल है

जीवन अनमोल है

रवीन्द्रनाथ प्रसाद सिंह

राधाकृष्ण प्रकाशन

ISBN : 978-81-8361-986-8

जीवन अनमोल है

पहला संस्करण : 2019
दूसरा संस्करण : 2026

मूल्य : ₹250

प्रकाशक
राधाकृष्ण प्रकाशन प्राइवेट लिमिटेड
जी-17, जगतपुरी, दिल्ली-110 051
शाखाएँ : अशोक राजपथ, साइंस कॉलेज के सामने, पटना-800 006
पहली मंजिल, दरबारी बिल्डिंग, महात्मा गांधी मार्ग, प्रयागराज-211 001
1, अनमोल सोराबजी सन्तुक लेन, धोबी तलाव, मरीन लाइंस, मुम्बई-400 002
वेबसाइट : www.radhakrishnaprakashan.com
ई-मेल : info@radhakrishnaprakashan.com

मुद्रक
बी.के. ऑफसेट
नवीन शाहदरा, दिल्ली-110 032

JEEVAN ANMOL HAI
by Ravindranath Prasad Singh

पूज्य जननी एवं पिताश्री
के चरण कमलों में
सादर समर्पित

क्रम

आभार

माँ शारदे के चरण-कमल में कोटि-कोटि बंदन, जिनकी असीम कृपा से इस पुस्तक को मैं लिपिबद्ध कर पाया। माँ की प्रेरणा से ही मैंने जीवन की अनमोलता एवं इसके अन्दर छुपे गुणों को निखार पाया।

मैं पूज्य जननी एवं पिता श्री के चरणों में नमन करता हूँ जिनके स्नेहिल छाया में रहकर जीवन की अनमोलता को समझने का सुअवसर प्राप्त हुआ। मैं अपनी प्रियतम आरती उर्फ लभी का शुक्रगुजार हूँ, जिन्होंने युवाओं के लिए नई राह दिखाने के सन्दर्भ पर लिखने के लिए प्रेरित की। मैं अपने अनमोल पीयूष, शुभम एवं प्रीती के प्रति कृतज्ञ हूँ, जिन्होंने समाज के लिए कुछ करने की सीख दी।

मैं अपने गुरुदेव श्री राधा मोहन प्रसाद, श्री दयानन्द ठाकुर, श्री सत्यदेव ठाकुर का अभारी हूँ। इस पुस्तक को सजाने एवं सँवारने में अमूल्य योगदान देने हेतु प्रो. (डा.) परमेश्वर भगत, पूर्व विभागाध्यक्ष एम.जे.के. कालेज बेतिया, प्रो. (डा.) ओ.पी. राय, प्राचार्य लंगट सिंह कॉलेज मुजफ्फरपुर, प्रो. (डा.) ए.एन. यादव, पूर्व कुलपति बी.आर.ए.बी.यू. मुजफ्फरपुर का आभारी हूँ।

मैं श्री अंजनी कुमार सिंह, भा.प्र.से., माननीय मुख्यमंत्री बिहार के परामर्शदर्शी, सुश्री टी. एन. बिन्देश्वरी, भा.प्र.से., श्री पंकज पाल, भा.प्र.से., श्री प्रदीप कुमार झा, भा.प्र.से., डॉ. निलेश रामचन्द्र देवरे, भा.प्र.से. का आभारी हूँ, जिन्होंने सदैव रचनात्मक लिखने की प्रेरणा दी।

मैं श्री अभिजीत कुमार, श्री भूपेन्द्र यादव, श्री अखिलेश प्रसाद वर्मा, श्री विनय कुमार राय, श्री अजय कुमार ठाकुर, श्री श्याम किशोर सभी बि.प्र.से. एवं अन्य पदाधिकारियों का आभारी हूँ, जिनके साथ रहकर कुछ बेहतर करने की प्रेरणा प्राप्त हुई। मैं श्री रामदेश्वर सिंह, अनुरेखक जिला परिषद तथा तमाम

दोस्तों एवं शुभचिन्तकों के प्रति आभार प्रकट करता हूँ, जिन्होंने मेरी लेखनी को नई ऊर्जा दी।

अन्त में मैं श्री मनीष कुमार शुक्ला, कम्प्यूटर ऑपरेटर के प्रति आभार प्रकट करता हूँ, जिन्होंने इसे कम्प्यूटराइज्ड करने में दिन-रात एक कर दिया। मैं प्रकाशक महोदय को धन्यवाद देना चाहता हूँ कि इस पुस्तक को ससमय प्रकाशन करने में महती भूमिका का निर्वहन किया।

—रवीन्द्रनाथ प्रसाद सिंह

प्राक्कथन

चित, चिन्तन और चेतना गहरे मन में डूबे तो अनुभव भी गहरे हो सकेंगे। देखने का अनुभव पाना है तो आँखें खुली रखनी होगी। हम सभी ओर से ओत-प्रोत हैं इसलिए अनुभव नहीं हो पाता। हम खाली हो सकें तो अनुभव अभी और यही हैं। सत्य का अनुभव तो सर्वत्र है पर अनुभव करने वाला स्व की मूर्च्छा में हैं। हम स्व की बेहोशी नहीं तोड़ते, बस सत्य की खोज करते रहते हैं। आँख खोलने की कोशिश नहीं करते बस प्रकाश की खोज अनवरत करते रहते हैं। इसी स्व की बेहोशी तोड़ने का काम लेखक ने 'जीवन अनमोल है' के माध्यम से दर्शाया है तथा पाठकों के समक्ष प्रत्यक्ष रूप से प्रस्तुत किया है।

अत: हमें मनुष्य के अन्दर अन्तर्निहित शक्तियों और उसकी दिव्यता को देखने एवं सुनने के लिए शांत-चित्त रहकर जीवन की महत्ता पर गहन विचार करना होगा, इसकी अनमोलता को समझना होगा, जिसको अनुभव कहा जाता है। पर आज का मानव शांत-चित्त नहीं है। उद्वेग और संवेग के सागर में गोता लगाता है। वह स्व में चूर रहता है, जो अहंकार है जो उसे कभी शांत नहीं रहने देता। इसका कारण है कि उनमें अनुभव का अभाव है। अत: प्रत्येक मानव को स्व तथा अहं को त्याग कर अपने प्रति, समाज के प्रति अनुभव प्राप्त करना होगा तभी वह जीवन को अनमोल बना सकता है।

विभिन्न गुणों और शक्तियों से विभूषित मानव जीवन में वर्तमान समय में कमी है तो वह यह है कि अभिभावकों और उनके संततियों के बीच भावनात्मक आदान-प्रदान एवं खुद का मूल्य नहीं समझना, जिसका जिक्र रचनाकार ने जीवन के अनमोलता के सन्दर्भ में किया है। बच्चों को शिक्षा ही नहीं, दीक्षा भी आवश्यक है। मनुष्य का बचपन वह दर्पण है, जिसमें उसके भावी व्यक्तित्व की झलक देखने को मिलती है। विश्व के महापुरुषों की जीवनी से यह स्पष्ट झलकता है

कि उसका बाल्यकाल किस तरह अनुशासित, सुसंस्कृत, आत्मसम्मानपूर्ण था। साहस, आत्मविश्वास, धैर्य, संवेदना की ऐसी उदात्त भावनाएँ थीं, जिसने उन्हें महापुरुष के शिखर तक पहुँचा दिया। जिन लोगों ने जीवन के अनमोलता को समझा परखा तथा जाना, वे महान बन गए।

कौन माता-पिता नहीं चाहेंगे कि उनके बच्चे सभ्य समाज की एक कड़ी बनें, उनकी आकांक्षाओं के अनुरूप बनकर उनका तथा स्वयं का नाम उज्जवल करें। बच्चों को सुसंस्कृत बनाने वाली रचनात्मक प्रेरणा ही उनकी दीक्षा कही जाती है, जो उन्हें जीवन अनमोल है का ज्ञान प्रदान करती है।

'जीवन अनमोल है' शीर्षक एक सच्चाई है तथा इस सच्चाई को परखने के लिए रचनाकार ने अलग-अलग विचार एवं तर्क दिये हैं जो सत्य की कसौटी पर बिल्कुल खरा साबित हुए हैं। दिव्य ज्ञान ही मनुष्य को नई राह पर यानी सत्कर्मों के प्रति अग्रसरित करता है।

लेखक और मेरी मुलाकात भारतीय संस्कृति के इस साहित्यिक परिसर में पुस्तकीय ज्ञान यात्रा के क्रम में हुआ। पवित्र भावनाओं से ओत-प्रोत यह सान्निध्य एक साहित्यिक ऊर्जा का स्रोत बना। इनकी दिव्य प्रेरणा और विचार ने हमें धन्य कर दिया। आज कल की युवा पीढ़ी जो मार्ग विचलित हो रही है। उसके लिए यह पुस्तक सही मायने में अनमोल साबित होगी। लेखक के विचार में उनका भटकाव जीवन की अनमोलता से अनभिज्ञता है। इनका मानना है कि युवा पीढ़ी या कोई भी व्यक्ति अपनी शक्ति को तथा ईश्वर प्रदत्त नैसर्गिक शक्तियों का ज्ञान न रखने के कारण अपने कर्म तथा कर्त्तव्य पथ से विचलित नजर आ रहा है। श्रद्धेय लेखक महोदय ने दृष्टांत के रूप में ईश्वरीय प्रदत्त मानवीय गुणों एवं शक्तियों का विशद वर्णन अपनी इस पुस्तक में किया है।

इनका मानना है कि—

> *A man can't discover new ocean unless he has the courage to loose the sight of the shore.*

अपने जीवन में छिपे नैसर्गिक गुणों तथा शक्तियों के प्रति जागरूक रहकर ही आप किसी मुकाम को हासिल कर सकते हैं। ईश्वर ने मानव के निर्माण में कहीं भी कोताही नहीं बरती है। प्राणियों में उसे श्रेष्ठ बनाकर ही इस धराधाम पर अवतरित किया है पर पृथ्वी का मानव अपने अहंकार, आलस्य, घृणा, स्वार्थ, बेईमानी, क्रोध और मानवीय मूल्यों के भटकाव के कारण रचनात्मक कम विनाशक ज्यादा बन गया है। वह संघर्ष करना चाहता है, परन्तु सार्थक

संघर्ष नहीं करता। उसका संघर्ष रचनात्मक नहीं हो पाता है। इस सन्दर्भ में प्रस्तुत कविता की पंक्तियाँ सटीक हैं—

संघर्षों के पथ में किसको कब-कब बिखरे फूल मिले,
पर्वत पर चढ़ने वालों को मौसम कब अनुकूल मिले।
प्राणों के, प्रण के बल पर ही ऊपर चढ़ना पड़ता है,
तप से आतप को पिघलाकर आगे बढ़ना पड़ता है।

विराट की जिन्हें आकांक्षा है वही महत्त्वाकांक्षी है। बिना लक्ष्य व महत्त्वाकांक्षा के संयोग से तुम व्यक्ति न बन पाओगे। जो मानव अपनी आंतरिक शक्तियों को एकत्र करके जीवन व जगत के सर्वाधिक महत्त्वपूर्ण लक्ष्य की सद् आकांक्षा करता है, केवल वही सुन्दर व्यक्तित्व विनिर्मित कर पाता है और दूसरों के लिए आदर्श एवं उदाहरण बन जाता है।

रचनाकार का मानना है कि जमीन में दबे हुए बीज को देखो, वह किस भाँति अपनी सारी शक्तियों को एकत्र कर भूमि को भेदकर ऊपर उठता है। सूर्य के दर्शन की प्रबल महत्त्वाकांक्षा उसे अंकुर बनाती है। इसी से प्रेरित होकर वह स्वयं की क्षुद्रता से बाहर आता है। दिव्य या विराट को पाने की ऐसी ही महत्त्वाकांक्षा की आवश्यकता है क्योंकि यह जीवन अनमोल है जो सद्गुणों से भरा पड़ा है—

Oh! Gold is great,
But, not great as heavenly sympathy.

हमारा जीवन ईश्वर की सृष्टि की एक सर्वोत्तम कृति है, जिसमें रंगों, ऐश्वर्य एवं दिव्य गुणों का समावेश है। हम अपने कर्मबल के माध्यम से इस जीवन को आकर्षक रंगों में निखार ला सकते हैं। जीवन में माधुर्यता को लाने के लिए भिन्न-भिन्न रसों का रसास्वादन कर सकते हैं। साहित्य के नवों रस हमारे जीवन में भरे पड़े हैं। शृंगार, प्रेम रस के माध्यम से हम समाज और परिवार के लिए अलंकृत हो सकते हैं। वहीं रौद्र रस बीभत्स एवं भयानक रस के माध्यम से समाज के द्वारा तिरस्कृत हो सकते हैं। यह हमारे ऊपर निर्भर करता है कि हम अलंकृत होना चाहते हैं या तिरस्कृत।

रचनाकार श्री रवीन्द्रनाथ प्रसाद सिंह जी ने अपनी लेखनी की परिपक्वता के माध्यम से भावी पीढ़ी को जागृत करने का एक सफल प्रयास किया है। लेखक का मानना है कि जीवन में संयोग और अवसर दोनों हैं, दुर्भाग्य और सौभाग्य

दोनों हैं जिन्हें असफलता की ओर जाना है वे संयोग का सहारा लेकर जीवन के अनमोलता को नकारात्मक सोच में बदल देते हैं और जिन्हें सफलता को प्राप्त करना है। वह सदा अवसर की तलाश में रहते हैं। दुर्भाग्य मानव जीवन की कमजोरी है तथा सौभाग्य जीवन की मजबूती है। ये दो शक्तियाँ जीवन में ईश्वर प्रदत्त हैं। यह हम पर निर्भर करता है कि हम किसको अपनाते हैं।

श्रद्धेय लेखक की साहित्यिक-सांस्कृतिक गतिविधियों में जीवंत और क्रियाशील सहभागिता के हम सभी बिहारवासी कायल हैं। आपकी सोच, परख, ललक, चिन्तनधारा, मूल्यपरकता, स्पष्टवादिता, दार्शनिक चेतना और मौलिक अवधारणा आपके व्यक्तित्व को निखारता है और साहित्यिक सम्पन्नता से भरपूर होने को प्रमाणित और प्रतिष्ठापित करता है। इस रूप में आप एक विराट सृजनशील व्यक्तित्व के धनी हैं।

हमें इस बात के लिए अपार प्रसन्नता है कि आज के दौर में भी आप में सर्जनात्मक सम्भावनाएँ पूरे दमखम के साथ मौजूद हैं। रचना-कौशल के प्रति आपकी ईमानदार सम्बद्धता भाषा-साहित्य में निरन्तर अवदान के प्रति हमें आस्थावान बना रही है। आपकी रचनात्मक प्रतिबद्धता को बार-बार नमन। आपकी यह कृति भावी पीढ़ी में चेतना लाये तथा आपका यह प्रयास सफल हो, सच ही कहा गया है—

ज्ञान-विज्ञान के असीम आसमाँ में,
एक प्रयास का बीज बोना है।
अज्ञान के इस तिमिरांचल में,
सृजन के दीप जलाना है।

इन्हीं शब्दों के साथ आपका पुनः आभार एवं शुभकामना।

शुभेच्छुक

डा. (प्रो.) अमरेन्द्र नारायण यादव
पूर्व कुलपति, बी. आर. ए. बी. यू.
मुजफ्फरपुर।

भूमिका

दोस्तो! सचमुच यह जीवन अनमोल है, सुन्दर है, ईश्वर की सर्वश्रेष्ठ कृति है। यह सिर्फ मैं नहीं कह रहा हूँ, बल्कि हमारे महापुरुषों, संतों, महात्माओं ने भी कहा है कि मनुष्य समस्त प्राणियों में श्रेष्ठ है। हमारे धर्म शास्त्रों में भी इस बात का उल्लेख है कि मनुष्य समस्त प्राणियों में श्रेष्ठ है। दुनिया को नई राह दिखाने वाले महानुभावों ने भी कहा है कि यह हमारा सौभाग्य है कि ईश्वर ने हमें यह अनमोल जीवन दिया है। यह जीवन प्रकृति प्रदत्त अनमोल उपहार है। हमारे महापुरुषों ने भी मानव जीवन की श्रेष्ठता की अभिव्यक्ति केवल शब्दों में ही नहीं की है, बल्कि अपने कर्मों से भी सिद्ध किया है कि यह जीवन अनमोल है। इस जीवन से अनमोल दुनिया में दूसरा कुछ भी नहीं है। जिन लोगों ने माना कि जीवन अनमोल है, अमृत है और प्रकृति प्रदत्त अनमोल उपहार है, इसके अन्दर असीम शक्ति है, उन्होंने खुद के और दुनिया के लिए नई राह बनाई, दुनिया को एक नई दिशा दी और असम्भव को सम्भव कर दिखाया। विज्ञान एवं तकनीकी के क्षेत्र में अद्‌भुत कारनामें कर दिखाए और नई-नई खोज एवं आविष्कार कर दूसरों को अचम्भित कर दिया। यही कारण है कि दुनिया उन्हें आज भी याद करती है। ऐसा नहीं है कि इन लोगों को ईश्वर ने अलग हटकर बनाया या उन्हें किसी विशिष्ट शक्ति से परिपूर्ण कर पृथ्वी लोक पर भेजा। वे भी हमारे आपके जैसे ही थे। ईश्वर ने हममें और उनमें कोई अन्तर नहीं किया, फिर भी वे अनमोल सितारे बन गए और हम जहाँ थे, वहीं रह गए। इसका कारण यह है कि उन्होंने इस अनमोल जीवन का मूल्य समझा। अपने अन्दर छुपी शक्ति को पहचाना और उसका सदुपयोग जग के कल्याणार्थ किया। उन्होंने खुद को पहचाना तथा ईश्वर प्रदत्त शक्तियों पर विश्वास किया। नतीजा वे जीवन की अनमोलता को साकार करने में सफल रहे।

उन्हें मालूम था कि यह जीवन ईश्वर रचित सर्वश्रेष्ठ कृति है। यह जीवन अनमोल है, क्योंकि इसके अन्दर असीम शक्ति है। अनमोल गुण तथा कुछ कर दिखाने का जज्बा है। नैसर्गिक गुणों से परिपूर्ण है और इसके अन्दर असम्भव को सम्भव कर दिखाने का साहस है। अच्छे-बुरे, सही-गलत के सन्दर्भ पर सोचने-समझने एवं निर्णय लेने की शक्ति है। न्याय-अन्याय के बीच विभेद करने की क्षमता है। दुर्भावनाओं से ऊपर उठने एवं खामियों को खूबियों में बदलने की शक्ति है। खुद को क्या दुनिया को बदलने का साहस है, असम्भव को सम्भव कर दिखाने का जज्बा है। गरीब से अमीर बनने तथा साधारण से असाधारण बनने की शक्ति है। परिस्थितियों को परखने एवं मूल्यों को समझने की शक्ति है। सन्मार्ग पर आगे बढ़ने एवं नई राह दिखाने की शक्ति है। इतनी सारी शक्तियाँ इसके अन्दर सन्निहित हैं, जिसे जानकर, निखारकर हम जो चाहें, कर सकते हैं। आप खुद सोचें, जिसके अन्दर इतनी शक्तियाँ छुपी हों, वह जीवन अनमोल नहीं तो और क्या है? हमें सिर्फ इसकी अनमोलता को साकार करने की जरूरत है।

जीवन की अनमोलता को साकार करने के लिए अपरिमित साहस एवं आत्म-विश्वास की जरूरत है, जो बाहर नहीं आपके अन्दर है। संत कबीर इसी को लक्षित करते हुए कहते हैं—

इस घट अंतर बाग-बगीचे, इसी में सिरजनहारा।
इस घट अंतर सात समुंदर, इसी में नौ लखतारा।
इस घट अंतर पारस मोती, इसी में परखनहारा।

आप खुद पर विश्वास रखें। उमंग, उत्साह एवं आन्नद का संचार बनाए रखें। निराशा से बाहर निकलें और आशा का संचार करें। आपके अन्दर तो विकट परिस्थितियों से बाहर निकलने की क्षमता है, मूल्यों को समझने की शक्ति है, नई चीजों को जानने एवं सीखने की शक्ति है, बेहतर कर दिखाने की शक्ति है, दूसरों का कल्याण करने की शक्ति है, सहनशीलता, सहयोग, क्षमा, त्याग की शक्ति है, अन्याय एवं अत्याचार का प्रतिरोध करने की शक्ति है। ये समस्त शक्तियाँ आपके अन्दर और इसी जीवन में सन्निहित हैं। आप इन शक्तियों का सदुपयोग कर अपनी पहचान अलग बना सकते हैं। आपको सिर्फ अपने अन्दर छिपी शक्ति को जानने एवं पहचानने की जरूरत है। इन शक्तियों को बाहर निकालने एवं जन कल्याणार्थ सदुपयोग करने की जरूरत है। आप खुद सोचें—अगर हमें यह जीवन नहीं मिला होता तो, क्या हम इन शक्तियों की बात करते? किसी प्रकार

की सुख सुविधा पाने की बात करते? क्या हम बेहतर करने और बेहतर पाने की बात करते? क्या हम किसी सन्दर्भ पर सही-गलत, उचित-अनुचित, अच्छा-बुरा, पाप-पुण्य की बात करते? आपका भी जवाब होगा—नहीं। ऊपर्युक्त बातें हम इसलिए करते हैं क्योंकि हमें यह अनमोल जीवन मिला है। ऊपर्युक्त तथ्यों से स्पष्ट है कि विभिन्न शक्तियों को संधारित करने वाला यह जीवन अनमोल है। इसी सन्दर्भ में भगवान महावीर ने कहा है—

> *खुद पर विजय प्राप्त करना, लाखों शत्रुओं पर विजय प्राप्त करने से बेहतर है।*

याद रखें—

> *हमारे अन्दर इतनी शक्ति एवं सामर्थ्य है कि हम अपने अन्दर छिपी शक्तियों को पहचानकर, निहित गुणों को निखारकर, अच्छे गुणों को आत्मसात कर मानव से महामानव बन सकते हैं। साधारण पुरुष से महापुरुष बन सकते हैं।*

जीवन का औचित्य साकार कर खुद के जीवन का इतिहास लिख सकते हैं। फिर संशय किस बात का? सन्देह किस पर? खुद पर या ईश्वर की सर्वश्रेष्ठ कृति पर या उसके द्वारा प्रदत्त शक्तियों पर? दोस्तो! सन्देह को बाहर निकाल फेंको। खुद पर तथा ईश्वर प्रदत्त शक्तियों पर विश्वास रखो। उठो! जागो, खुद को क्या दुनिया को बदल डालो। इतनी शक्ति तुम्हारे अन्दर है। तुम खुद पर विश्वास रखो। इसके लिए महत्त्वपूर्ण है खुद का मूल्य समझना, जीवन का मूल्य समझना, कर्म एवं समय का मूल्य समझना। बाधाओं को चीरकर खुद आगे बढ़ना और दूसरों को आगे बढ़ने में मदद करना। दया, क्षमा, त्याग का भाव रखते हुए दीन दुखियों की सेवा करना। आप ऐसा करके देखें, आपको खुद की जिन्दगी अनमोल दिखेगी। जिस दिन आप जीवन के विभिन्न आयामों को जान जाएँगे। जीवन के एक रहस्य से पर्दा उठा देंगे। स्वयं को पहचान लेंगे, निहित गुणों को निखार लेंगे, दुर्भावनाओं से ऊपर उठ जाएँगे और अच्छे गुणों को धारण कर लेंगे। अपने अन्दर छिपी शक्तियों पर विश्वास करने लगेंगे। आपकी खुद की जिन्दगी अनमोल एवं सुन्दर बन जाएगी।

याद रखें—

> *यह जीवन बड़े ही सौभाग्य से प्राप्त हुआ है। इसका मूल्य समझें एवं खुद का औचित्य साकार करें।*

यह हमारा कर्त्तव्य एवं धर्म भी है और जीवन जीने का उद्देश्य भी। आप खुद सोचें—यदि हमारा जन्म मानव-योनि में नहीं हुआ होता तो क्या हम किसी अवसर की बात करते? क्या हम कोई सपना देखते या किसी सपने को पाने की बात करते? हम ये सारी बातें इसलिए करते हैं क्योंकि हमें यह अनमोल जीवन मिला है। हम इसके लिए ईश्वर का शुक्रिया अदा करें कि उन्होंने हमें इस योग्य समझा।

हम सभी जानते हैं कि समस्त प्राणियों में मानव जीवन ईश्वर की सर्वश्रेष्ठ कृति है। ईश्वर ने हमें यह अनमोल जीवन उपहार के रूप में दिया है। बेहतर करने एवं बेहतर पाने के लिए दिया है, जग कल्याणार्थ दिया है। जीवन की सार्थकता साबित करने के लिए दिया है। खोने और पाने का मर्म समझने के लिए दिया है। प्राकृतिक एवं कृत्रिम संसाधनों का सदुपयोग खुद और दूसरों का कल्याण करने के लिए दिया है। रचनात्मक कार्यों को मूर्त रूप देने के लिए दिया है और ऊपर्युक्त सारे कार्यों को करने के लिए ईश्वर ने हमें सोचने-समझने की शक्ति दी है ताकि हम सोच-समझकर किसी विषय पर उचित निर्णय ले सकें। हम बेहतर कर सकें, जीवन का औचित्य साकार कर सकें।

याद रखें—

> *ईश्वर प्रदत्त यह शक्ति अद्भुत एवं अनमोल है, जिसे किसी भी कीमत पर खरीदा और बेचा नहीं जा सकता।*

आप इस अनमोल शक्ति का मूल्य समझें और इस अनमोल जीवन में छुपे जीवन पर विश्वास रखें। इसकी परीक्षा लें कि यह कितनी मूल्यवान है। इस शक्ति को और मूल्यवान बनाने के लिए ही ईश्वर ने हमें विवेक दिया है। दया भाव, क्षमा भाव, त्याग, सहिष्णुता, सद्भाव जैसे संवेग दिये हैं। दुखद एवं सुखद परिस्थिति को परखने की शक्ति दी है ताकि हम विभिन्न भावों एवं संवेगों से नियंत्रित रहते हुए ईश्वर रचित सर्वश्रेष्ठ कृति की अनमोलता को साबित कर सकें। हम ईर्ष्या-द्वेष, क्रोध-अहंकार के आवेग में खो न जाएँ। ऐसा न हो कि सुखद स्थिति में हम खुद का औचित्य एवं ईश्वर को भूल जाएँ। हम परोपकार की जगह ऐशो आराम एवं विलासिता की जिन्दगी में रम जाएँ। अगर हम विलासिता की जिन्दगी में खो जाएँगे, मूल्यों से भटक जाएँगे तो इस अनमोल जीवन की सार्थकता कैसे साबित कर पाएँगे? उस स्थिति में यह अनमोल जीवन भी बोझ बन जाएगा। कहने का तात्पर्य यह है कि आप इस अनमोल जीवन का औचित्य साकार करना चाहते हैं, तो खुद को पहचानें एवं जीवन का मूल्य समझें।

दोस्तो! सुख और दुख जीवन की नियति है। जीवन के गूढ़ रहस्यों को समझने के लिए दोनों का होना आवश्यक है। हम सन्मार्ग से भटककर अहंकारी न बन जाएँ, जीवन के उद्देश्य से विचलित न हो जाएँ। इसके लिए जीवन में दुखद स्थिति का आना जरूरी है ताकि हमें दुखद स्थिति में अपने-पराए और सही-गलत का बोध हो सके। हम उत्पन्न हालात से सीख लेकर बहुत कुछ सीख सकें। खुद के ज्ञान और शक्ति की परीक्षा ले सकें। जिन्दगी जीने की कला सीख सकें। यह जीवन सुख-दुख, जय-पराजय, हार-जीत, क्षमा-त्याग, दया-क्रोध, मिलन-विरह, हर्ष-विषाद, रोमांच-समर्पण का अनोखा संगम है। समस्त भाव, समस्त सुख, दुनियादारी की समझ, इहलोक, परलोक एवं सर्वशक्तिमान की समझ हमें मानव जीवन प्राप्त होने के कारण ही आती है। इसमें परिस्थितियों की भूमिका महत्त्वपूर्ण है। अगर हमें यह जीवन नहीं मिला होता तो, हम विभिन्न भावों एवं संवेगों को नहीं समझ पाते। इसलिए यह जीवन अनमोल है। अगर हमें यह जीवन नहीं मिला होता और इसमें विभिन्न परिस्थितियों का समावेश नहीं होता तो हम पाप-पुण्य, अच्छा-बुरा, सही-गलत, उचित-अनुचित में विभेद नहीं कर पाते। ऊपर्युक्त बातें हम इसलिए समझ पाते हैं कि हमें यह अनमोल जीवन मिला है।

दोस्तो! याद रखें—

> *इसी जीवन में स्वर्ग है और नरक भी। यह जीवन अमृत है तो, विष भी। आनन्द का सागर है तो दुख का दरिया भी। चुनाव है तो समझौता भी। संघर्ष है तो खेल भी।*

यह हमारी सोच एवं कर्म पर निर्भर करता है कि हम जीवन के विभिन्न रूपों के बारे में क्या जानते हैं और इस जीवन का मूल्य क्या समझते हैं? अगर हमें इस जीवन का मूल्य एवं औचित्य मालूम हो, खुद के अन्दर छिपी शक्तियों और गुणों का बोध हो, तो निश्चित रूप से हमें यह जीवन अनमोल दीखेगा। ठीक इसके विपरीत अगर आपको ऊपर्युक्त बातों की समझ नहीं है तो यह अनमोल जीवन भी मूल्यहीन लगेगा।

उपर्युक्त तथ्यों से स्पष्ट है कि यह जीवन अनमोल है और इसके अन्दर बहुत सारी शक्तियाँ छिपी हुई हैं। इनमें सबसे महत्त्वपूर्ण सोचने-समझने की शक्ति है। चुनौतियों से लड़ने की शक्ति है, विकट परिस्थितियों से बाहर निकलने की शक्ति है, दुर्भावनाओं से ऊपर उठने की शक्ति है। सही गलत तथा न्याय-अन्याय में विभेद करने की शक्ति है। किसी भी विषय-वस्तु के

सन्दर्भ पर निर्णय लेने की शक्ति है। जो व्यक्ति इन शक्तियों को पहचानते हैं, उनके लिए जिन्दगी एक अवसर है, सीख है, आनन्द है, अमृत है, सौन्दर्य है, दिव्यता की खान है। ठीक इसके विपरीत जो व्यक्ति ऊपर्युक्त शक्तियों को नहीं जानते और खुद पर विश्वास नहीं करते, उनके लिए जिन्दगी बोझ बन जाती है। यही कारण है कि किसी व्यक्ति को जीवन अनमोल दिखता है और किसी को बोझ। कोई व्यक्ति सफलता की ऊँचाईयों को छूता है और किसी व्यक्ति को सफलता का दीदार नहीं हो पाता है। कोई व्यक्ति असफलता के गर्त में समा जाता है और कोई सफलता का इतिहास रच जाता है। इस दुनिया में अरबों लोग रहते हैं, परन्तु उनमें से कोई अन्तरिक्ष की सैर कर चन्द्रमा पर नया जहाँ बसाने की बात करता है और कोई खतरे की घंटी मानता है। कोई चुनौती का सामना कर असम्भव को सम्भव कर दिखाता है और कोई चुनौती के डर से रण छोड़ भाग जाता है। कोई व्यक्ति समाज में घृणा फैलाता है और कोई सर्वत्र खुशबू फैलाता है। कोई व्यक्ति नई राह दिखाकर महान बन जाता है और कोई खुद के लिए भी राह नहीं बना पाता है। किसी को ताउम्र सफलता नहीं मिलती और किसी को लगातार सफलता मिलती है। इतने बड़े अन्तर का मुख्य कारण खुद पर विश्वास नहीं करना और इस अनमोल जीवन का मूल्य नहीं समझना है। जो व्यक्ति इस अनमोल जीवन का मूल्य समझते हैं तथा छुपी शक्तियों को उभार पाते हैं, वे ही इस अनमोल जीवन की सार्थकता साबित कर पाते हैं।

याद रखें—

> *जिस दिन हम स्वयं को जान लेंगे, खुद की शक्तियों को पहचान लेंगे, जीवन का औचित्य समझ लेंगे, उस दिन पृथ्वी पर बोझ नहीं, खुशबू बन जाएँगे।*

मेरा भी आपसे अनुरोध है कि आप इस अनमोल जीवन का मूल्य समझें। आप पृथ्वी पर बोझ नहीं, खुशबू बनें और खुद की खुशबू से पूरी दुनिया को सुवासित करें। आप ऐसा कर सकते हैं, इतनी शक्ति आपके अन्दर है। आप खुद पर विश्वास रखें और कुछ ऐसा करके जाएँ, जिसे पूरी दुनिया याद रखे। यह तो कुछ भी नहीं है। आप तो वह सब कर सकते हैं, जिसे आज तक किसी व्यक्ति ने नहीं किया है। आप तो असम्भव को सम्भव में बदल सकते हैं। खुद का जीवन इतिहास लिख सकते हैं। खुद के लिए नई राह बना सकते हैं, दूसरों को नई राह दिखा सकते हैं। इतनी शक्ति आपके

अन्दर सन्निहित है। आप दिव्य है, आप ईश्वर स्वरूप हैं, शक्ति स्वरूप है। आपके अन्दर प्रकाश-ही-प्रकाश है। आप खुद को प्रकाशमान बना दूसरों को प्रकाशित करें। आप ऐसा करके देखें, आपको यह दुनिया हसीन, रंगीन एवं सुन्दर दिखेगी। आपको बुरे व्यक्ति में भी अच्छाई एवं विकट परिस्थिति में भी अवसर दिखाई देगा। जिस अवसर को पकड़कर आप खुद दूसरों के लिए अवसर बन जाएँगे। ऐसे व्यक्ति को यह जीवन अनमोल, अवसर एवं अमृत दिखाई देता है और यह मानव जीवन उनके लिए आनन्द, रोमांच, सौन्दर्य एवं कला बन जाता है। वे अपना जीवन हँसते-मुस्कुराते, खिलखिलाते जीते हैं और ईश्वर को धन्यवाद देते हैं कि उसने उन्हें इस योग्य समझा। ऐसे व्यक्ति खुद को ईश्वर की सर्वश्रेष्ठ कृति मानते हैं और अपनी श्रेष्ठता साबित कर दूसरों के लिए उदाहरण बन जाते हैं।

दोस्तो! सचमुच यह जीवन अनमोल है और इसकी जितनी प्रशंसा की जाय कम है। इसके अन्दर क्या नहीं है? यह अमृत है, हसीन है, रंगीन है। हम अपने जीवन को किन रंगों से रँगना चाहते हैं और किन-किन रंगों में रंगकर खुद को सुन्दर बनाना चाहते हैं। हम किन-किन उपलब्धियों से खुद को सजाना चाहते हैं। यह हमारी सोच, संगत, शिक्षा एवं परिवेश पर निर्भर करता है। कविवर जानकी वल्लभ शास्त्री के अनुसार—

जीना भी एक कला है। इसे बिना जाने ही मानव बनने कौन चला है।

अगर हम गहनतापूर्वक गौर करें तो पाएँगे कि यह जीवन अद्‌भुत रंगों का संगम है, जिसमें हम विभिन्न कलाओं का दर्शन करते हैं। सचमुच जिन्दगी जीना एक कला है, अगर आपको विभिन्न रंगों की समझ है। यही कारण है कि कोई व्यक्ति साहित्यिकार, संगीतकार, नेता, अभिनेता, वैज्ञानिक बन जाता है। हम इस दुनिया में जितने भी रंग देखते हैं। उन सभी रंगों में हमारे जीवन का रंग ज्यादा महत्त्वपूर्ण है। जीवन के विभिन्न रंग निम्नवत हैं—साहित्यिक रंग, वैज्ञानिक रंग, ऐतिहासिक रंग, सुख का रंग, उमंग का रंग, उल्लास का रंग, उत्साह का रंग, सौन्दर्य का रंग, प्रसन्नता का रंग। वहीं दूसरी ओर दुख का रंग, दर्द का रंग, उदासी का रंग, बदनसीबी का रंग, दुर्भाग्य का रंग है। ये समस्त रंग हमारे अन्दर ही मौजूद होता है। महत्त्वपूर्ण यह है कि हम खुद को किन रंगों में रंगना चाहते हैं और किन रंगों में खुद को रंगकर कितना सुन्दर बनाते हैं। यह आपके जिन्दगी जीने की कला पर निर्भर करता है।

याद रखें—

ये समस्त रंग किसी दुकान पर नहीं मिलते और न ही पैसे से खरीदे जा सकते हैं। ये सभी रंग आपके अन्दर और आपके आस पास ही होते हैं।

महत्त्वपूर्ण यह है कि आप रंगों का अर्थ एवं औचित्य क्या समझते हैं? आप किस रंग की महत्ता स्वीकार करते हैं और किस रंग से खेलना चाहते हैं। किस रंग से खुद को रंगना चाहते हैं। आप सुखद रंगों में रंगकर जीवन को सुन्दर बनाना चाहते हैं या दुखद रंगों में रंगकर जीवन को बोझिल। आप जिस रंग से खेलेंगे, वैसा ही आपका जीवन बनेगा। आप अच्छे रंगों से खेलकर जीवन को सुखद एवं सफल बना सकते हैं। यह आपके जिन्दगी जीने की कला पर निर्भर करता है कि आप किन रंगों से खेलना चाहते हैं। कहा भी गया है—"जिन्दगी एक खेल है। आप खेलने की कला सीखें और बेहतर खेलें।"

मेरा मानना है कि यदि आप सुन्दर रंगों से खेलना चाहते हैं और जीवन को सुन्दर रंगों में रंगना चाहते हैं तो पहले सोच के रंग को बदलें। सोच की दिशा सकारात्मक एवं रचनात्मक बनाएँ। विभिन्न रंगों के महत्त्व को समझें और अच्छे रंगों से खुद को रंगना सीखें। आपको खुद समझ में आ जाएगा कि यह जीवन कितना अनमोल है। जिन व्यक्तियों को इस अनमोल जीवन की शक्तियों का अहसास नहीं होता, वे बेकार के रंगों में रँगकर खुद को बदरंग बना लेते हैं। वे अपने अन्दर छुपे दिव्य सौन्दर्य को नहीं देख पाते और बाह्य सौन्दर्य एवं बाह्य रंग पाने की अभिलाषा में भटकते रहते हैं। ऐसे व्यक्तियों को कोई जानने-पहचानने वाला नहीं होता, क्योंकि उन्हें खेलने का औचित्य एवं रंगों की समझ नहीं होती। ठीक इसके विपरीत जिन व्यक्तियों को खेलने की कला एवं रंग का औचित्य मालूम होता है। वे स्व के अन्दर छिपे गुणों को निखारकर जीवन को अनमोल रंग में रंगने में सफल होते हैं।

याद रखें—

जीवन को अच्छे रंगों से रंगना एवं अच्छे रंगों से खेलना ही जिन्दगी की सर्वोत्कृष्ट कला है। जो व्यक्ति इस कला को जानता है, उसी के लिए जीवन अनमोल है।

आप गौर करें तो पाएँगे कि प्रकृति ने भी अपनी दुनिया को विभिन्न रंगों में रंगकर बेहद सुन्दर बनाया है। प्रकृति का रंग इतना चटक, मनमोहक एवं सुन्दर होता है कि, उसकी सुन्दरता को देखकर हमारा मन विभोर हो उठता है। प्रकृति

की छटा में खिल रहे रंग-बिरंगे अनुपम फूल, हरे-भरे पेड़-पौधे, नाना प्रकार के पशु-पक्षी, सौन्दर्य बिखेरते झील-झरने, पहाड़ों की अद्‌भुत छटा, विचरण करती बादलों की घटा, प्रकृति की सुन्दरता में चार चाँद लगाते हैं। इस अद्‌भुत सौन्दर्य को देखकर हमारा मन हर्षित एवं प्रफुल्लित हो जाता है। आप भी प्रकृति की सुन्दरता से सीख लें और अपने जीवन को सुन्दर रंगों में रंगकर उदाहरण प्रस्तुत करें, ताकि आपके सौन्दर्य की महक एवं चेहरे पर खिल रहे रंग से दूसरे हर्षित एवं सुवासित हो सकें। आपकी एक झलक पाने के लिए लोग लालायित रहें, आपकी संगत करने के लिए व्यग्र रहें। कहने का आशय है कि आप खुद के अन्दर छिपे दिव्य सौन्दर्य का दर्शन करें और सुन्दर व्यक्तित्व के मालिक बनें।

दोस्तो! यह जीवन सौन्दर्य की प्रतिमूर्ति है। जिस दिन आप इसके अन्दर छुपे दिव्य सौन्दर्य का दर्शन कर लेंगे, आपको खुद सुमझ में आ जाएगा कि यह कितना अनमोल है। प्रकृति में हम जो रंग देखते हैं, वे सारे रंग हमारे जीवन में भी विभिन्न रूपों में देखने को मिलते हैं। जो व्यक्ति रंगों की महत्ता को जानते हैं, वे उन रंगों में खुद को रंगकर जीवन को और अनमोल बनाने में सफल होते हैं।

किसी भी व्यक्ति के चेहरे का रंग उसके व्यक्तित्व के बारे में बहुत कुछ कह जाता है। हम किसी व्यक्ति के चेहरे का रंग देखकर जान जाते हैं कि उस व्यक्ति का जीवन सुखद रंगों से रंगा है या दुखद रंगों से। जैसे—किसी व्यक्ति के चेहरे की आभा, होठों पे मुस्कान, वाणी में मधुरता को देख हम समझ जाते हैं कि यह व्यक्ति सुख, उमंग, उत्साह के रंग से सराबोर है। उनके चेहरे की लाली—उल्लास का रंग, शारीरिक अभिव्यक्ति—उमंग का रंग, होठों की मुस्कान—प्यार एवं सम्मान का रंग बतलाता है। ठीक इसके विपरीत चेहरे की उदासी, शरीर की थकान, माथे की लकीर दुखद रंगों को परिलक्षित करते हैं। हम भी प्रकृति में निहित विभिन्न रंगों से सीख लें और जीवन को सुन्दर रंगों से रंगकर हसीन बनाएँ। ऐसा वही व्यक्ति कर पाता है, जो जीवन का मूल्य, कर्म का मूल्य एवं समय का मूल्य समझ पाता है। ठीक इसके विपरीत जो व्यक्ति इस जीवन एवं कर्म का मूल्य नहीं समझ पाते, वे बेकार की चीजों को पाने में लगे रहते हैं। उन्हें यह नहीं मालूम होता कि वे जिन चीजों को पाना चाहते हैं, उनकी सार्थकता खुद और दूसरों के लिए कितना महत्त्वपूर्ण है? उन्हें यह भी मालूम नहीं होता कि जिन चीजों को हम बाहर खोज रहे हैं, वे सब कुछ हमारे अन्दर हैं। ऐसे व्यक्ति अवसर को पहचान नहीं पाते और अवसर की खोज में भटकते रहते हैं। फिर भी उन्हें अवसर नहीं मिलता, क्योंकि उन्हें खुद पर विश्वास नहीं

होता है। उन्हें अपनी शक्तियों का अहसास भी नहीं होता और न ही उन्हें यह ज्ञात होता है कि यह जीवन खुद एक लक्ष्य है, अवसर है, संघर्ष है, चुनौती है, खेल है, सीख है, सौभाग्य है, चुनाव और समझौता है। यही कारण है कि वे इस अनमोल जीवन का मूल्य नहीं समझ पाते हैं।

दोस्तो! सचमुच यह जीवन अनमोल है और इसकी अनमोलता को अन्तर्मन से जानने एवं समझने की जरूरत है। इसके अन्दर छुपे दिव्य सौन्दर्य का दर्शन करने की जरूरत है। इसके अन्दर छिपे गुणों को निखारने एवं शक्तियों पर विश्वास करने की जरूरत है। खुद आगे बढ़ने की जरूरत है। जब सर्वशक्तिमान ईश्वर ने हमें 84 लाख योनियों में सबसे श्रेष्ठ बनाया है, जिसकी चर्चा वेद पुराणों में भी की गई है, तो फिर हम अपनी श्रेष्ठता साबित क्यों नहीं कर पा रहे हैं? यदि हम अपनी श्रेष्ठता साबित करना चाहते हैं, तो पहले खुद को जानें तथा अपनी शक्तियों पर विश्वास रखें? सन्देह नहीं करें। ईश्वर ने जब हमें सोचने-समझने की अद्‌भुत शक्ति दी है, विविध नैसर्गिक गुणों से परिपूर्ण किया है, तो फिर सन्देह का कोई प्रश्न नहीं उठता कि यह जीवन अनमोल है या नहीं? आप भूलकर भी परमपिता परमेश्वर की इस अनमोल रचना पर किसी प्रकार का सन्देह न करें। उनके द्वारा प्रदत्त शक्ति पर विश्वास रखें और उनकी शक्ति से खुद का तार जोड़े रखें। उनके विश्वास को छलें नहीं, बल्कि उनके विश्वास पर खरा उतरें। खुद को पहचानें और अपने अन्दर छुपे दिव्य सौन्दर्य का दर्शन करें। आप परमपिता परमेश्वर को कोटि-कोटि नमन करें कि उन्होंने आपको इस योग्य समझा। आपके अन्दर इतनी प्रतिभा दी है कि आप असम्भव को सम्भव कर सकते हैं। आप इस जीवन के मूल्य को समझें। कृत्य कार्य एवं समय का मूल्य समझें। कृत्य कार्य को मूल्यों की कसौटी पर कसें। मूल्यों के साथ चलें और मूल्यों पर खरा उतरें। आपको खुद समझ में आ जाएगा कि यह जीवन सुन्दर, हसीन एवं अनमोल है।

याद रखें—

> *किसी भी व्यक्ति के जीवन का सर्वाधिक महत्त्वपूर्ण क्षण वह है, जिस दिन वह आत्मा के दिव्य सौन्दर्य एवं खुद के अन्दर छिपी हुई शक्तियों को जान लेता है। अपने अन्दर छिपे अलौकिक गुणों को निखार लेता है।*

कुछ ही लोग ऐसे भाग्यशाली होते हैं, जो अपने अन्दर छिपी हुई शक्तियों तथा ईश्वरीय गुणों को पहचान पाते हैं। खुद को जान एवं समझ पाते हैं। अधिकांश लोग खुद को पहचानने में आजीवन भटकते रह जाते हैं। ऐसे व्यक्ति न तो खुद

का मूल्य समझ पाते हैं और न ही दूसरों का। नतीजतन वे जिन्दगी के रहस्य की उलझन में उलझकर रह जाते हैं। दोस्तो! यह जीवन रहस्य में उलझने के लिए नहीं, रहस्य से बाहर निकलने के लिए मिला है। ध्यान रखें—

जो व्यक्ति जिन्दगी के रहस्य को जान एवं पहचान लेता है, उसी के लिए जीवन अनमोल एवं अवसर है।

इसी सन्दर्भ में कहा गया है—

दूसरों को जानने से बेहतर है, खुद को जानना।

प्रायः व्यक्ति खुद को जानने का प्रयास नहीं करता और दूसरों को जानने में समय बर्बाद करता है। महत्त्वपूर्ण यह है कि आप दूसरों को जानने से पूर्व स्वयं को जानें। जिस दिन आप स्वयं को जान लेंगे, अपने अन्दर छुपी शक्तियों को पहचान लेंगे। खुद का मूल्य समझ जाएँगे, उस दिन आपकी खुद की जिन्दगी सुन्दर एवं अनमोल बन जाएगी। स्वयं को जानने वाला व्यक्ति अपने दायित्वों को जानता है। मूल्यों की महत्ता समझता है तथा अच्छे-अच्छे गुणों को धारण कर ऊँचे व्यक्तित्व का मालिक बन जाता है। ऐसा व्यक्ति अपनी खामियों को खूबियों में बदलता है और अनेक आश्चर्यजनक उपलब्धियाँ प्राप्त कर जीवन का इतिहास लिख जाता है। मेरा भी आपसे अनुरोध है कि आप दूसरों को जानने से पूर्व स्वयं को जानें। दूसरों को ज्ञान बाँटने से पूर्व स्वयं ज्ञानी बनें और ज्ञान का अर्थ एवं महत्त्व समझें। दूसरों की खामियाँ देखने के बजाय अपनी खामियों को देखें और उन खामियों को दूर करने का प्रयास करें। इसी सन्दर्भ में संत कबीर ने कहा है—

बुरा जो खोजन मैं चला, बुरा ना मिलिया कोय।
जो दिल खोजा अपना, मुझ सा बुरा न कोय॥

कहने का आशय स्पष्ट है कि आप दूसरों की बुराई नहीं, अपनी बुराई देखें। आप अपनी बुराई देखेंगे और उन बुराईयों से निजात पाएँगे तो आप सुन्दर व्यक्तित्व के मालिक बन जाएँगे। दूसरों से कुछ माँगने से बेहतर है कि आप दूसरों को देने के योग्य बनें। आप याचक नहीं दाता बनें। यह अनमोल जीवन याचना करने के लिए नहीं, दूसरों का कल्याण करने के लिए मिला है। आप ऐसा कर सकते हैं और इसमें कोई सन्देह नहीं है। आप सिर्फ अपने अन्दर छिपी शक्तियों पर विश्वास रखते हुए आगे बढ़ें। आप गरीबी को अमीरी में, दुखद स्थिति को

सुखद स्थिति में, विकट परिस्थिति को अनुकूल परिस्थिति में तथा कटुता को प्रेम में बदल सकते हैं। आपके लिए असम्भव कुछ भी नहीं है। इसी सन्दर्भ में अमेरिकी निवासी क्लीमेंट ने कहा था—

> *यदि किसी व्यक्ति का जन्म गरीब परिवार में हुआ है तो वह जीवन-पर्यन्त गरीबी में जीने के लिए अभिशप्त नहीं है। निःसन्देह पैदा होने में मनुष्य का अपना कोई वश नहीं होता, परन्तु अन्त तक यदि उस व्यक्ति की दशा विपन्नों जैसी बनी रही तो यही कहना पड़ेगा कि उसके प्रयास एवं पुरूषार्थ में कहीं न कहीं कोई कमी अवश्य रह गई, क्योंकि आदमी अपना तो क्या समाज एवं संसार तक के भाग्य बदलने में समर्थ है।*

आप इतने सामर्थ्यवान हैं कि आप कुछ भी कर सकते हैं। आपको खुद तथा ईश्वर प्रदत्त शक्ति पर विश्वास हो और कुछ कर दिखाने का साहस हो। ऐसा व्यक्ति खुद को क्या, दुनिया को बदल सकता है। आपके अन्दर इतनी शक्ति है। आप इस अनमोल जीवन का मूल्य समझें और अन्दर छुपे दिव्य सौन्दर्य का दर्शन करें। आप उस दिव्यात्मा के अंश हैं, जिसके अन्दर अपरिमित साहस एवं शक्ति है। आप केवल दिव्यात्मा से खुद को जोड़े रखें।

याद रखें—असम्भव को सम्भव में बदलने की शक्ति हर व्यक्ति में होती है। परन्तु दुख की बात यह है कि बिरले व्यक्ति ही इस शक्ति को पहचान पाते हैं। जो व्यक्ति इसे पहचान पाते हैं, उनके लिए ही जीवन अनमोल और अवसर है। साहस के धनी व्यक्ति हर परिस्थिति में अवसर की तलाश कर खुद के लिए नई राह बना लेते हैं। ठीक उसके विपरीत जो व्यक्ति इस जीवन को अवसर के रूप में नहीं लेते, सोच को नहीं बदलते, रचनात्मक कार्यों में अभिरुचि नहीं रखते, खुद पर विश्वास नहीं करते वे आजीवन भटकते रह जाते हैं। ऐसे व्यक्ति को यह बात समझ में नहीं आती कि इस जीवन का औचित्य क्या है और यह जीवन अनमोल है तो कैसे? उन्हें खुद और दूसरों से सीख लेनी चाहिए। ऐसे व्यक्तियों को इतिहास से, महापुरुषों की जीवनी से सीख लेनी चाहिए कि यदि वे इतिहास रच सकते हैं, असम्भव को सम्भव कर सकते हैं, खुद और दुनिया को बदलने की क्षमता रखते हैं तो मैं क्यों नहीं? आप अपने को निर्बल नहीं समझें। आप भी ऐसा कर सकते हैं और इतनी शक्ति आपके अन्दर है। जब एक छोटे से बीज में वटवृक्ष बनने की शक्ति निहित होती है, तो आपके अन्दर तो शक्ति का अथाह सागर है। आप सिर्फ अपनी शक्ति को पहचानें। आपके अन्दर तो महान बनने

की शक्ति सन्निहित है। आप चेतनशील प्राणी हैं और ईश्वर की सर्वश्रेष्ठ कृति हैं। आप जैसा चाहें कर सकते हैं और जो चाहें, बन सकते हैं। इसी दुनिया में ऐसे लोग हैं, जिन्होंने जो चाहा कर दिखाया।

याद रखें—

अगर कोई व्यक्ति दिव्य एवं विराट बन सकता है, तो आप क्यों नहीं? आप भी बन सकते हैं।

अगर आप ऐसा नहीं कर पाते हैं तो, इसका कारण है कि आपको अपने अन्दर छुपे विराट शक्ति का अहसास नहीं है। आप खुद को निर्बल, निस्सहाय एवं भाग्यहीन मानते हैं और कहते हैं कि—ईश्वर ने मुझमें बेहतर करने की शक्ति नहीं दी। हमें सौभाग्यशाली नहीं बनाया। मेरा भाग्य ही खराब है। ईश्वर ने मुझे भी अब्राहम लिंकन और रूजवेल्ट जैसी शक्ति दी होती तो मैं भी सफल व्यक्ति होता। मैं भी जो चाहता, कर दिखाता। मेरा भी नाम इतिहास के पन्नों पर होता। ऐसा वही व्यक्ति कहता है, जिसे खुद पर तथा ईश्वर प्रदत्त शक्तियों पर विश्वास नहीं होता है।

याद रखें—

सफलता पाने का एक ही मूल मंत्र है विश्वास, विश्वास, विश्वास।

आप खुद सोचें—जिस व्यक्ति को खुद पर विश्वास न हो, भला वह व्यक्ति जीवन में कैसे बेहतर कर सकता है? अगर कोई व्यक्ति कहता है कि मैं सफल नहीं हो सकता। मेरे भाग्य में सफल होना नहीं लिखा है। मैं बदनसीब हूँ, बहुत गरीब हूँ इसलिए मैं कुछ नहीं कर सकता। मेरे भाग्य में अमीर बनना नहीं लिखा है। मैं यह नहीं कर सकता, वह नहीं कर सकता। इस तरह की नकारात्मक सोच में जो उलझा रहता है, वह व्यक्ति अमीर कैसे बन सकता है? वह अपने सपने को कैसे पूरा कर सकता है? जो ईश्वर प्रदत्त शक्तियों पर अविश्वास करता है, जिस व्यक्ति को खुद पर एवं अपने अन्दर छुपी शक्तियों पर विश्वास नहीं हो, वह बेहतर कैसे कर पाएगा? जिसे यह नहीं मालूम हो कि जीवन अनमोल है, सुन्दर है, सौभाग्य है इसके अन्दर विभिन्न गुणों का खजाना एवं असीम शक्तियाँ छिपी हुई हैं। वह व्यक्ति अपने जीवन में बेहतर कैसे कर पाएँगे?

अगर आप जीवन में बेहतर करना चाहते हैं और जीवन का इतिहास लिखना चाहते हैं, तो खुद पर विश्वास रखें। अपने अन्दर छिपे गुणों को निखार कर देखें। आपको खुद समझ में आ जाएगा कि आपके अन्दर लिंकन और रूजवेल्ट से

ज्यादा शक्ति है। आप उनसे बेहतर कर सकते हैं। यदि आप लिंकन की जीवनी का अध्ययन करें तो पाएँगे कि लिंकन का जन्म अत्यन्त गरीब परिवार में हुआ था। लकड़ियाँ बेचकर वे अपने परिवार का जीविकोपार्जन करते थे, और रूजवेल्ट दोनों पैर से अपाहिज थे। एक गरीबी में पले-बढ़े और दूसरे दिव्यांग थे, परन्तु उन्होंने अपने अन्दर की शक्ति को पहचाना। कठिनाईयों से हार नहीं मानी और अपने जीवन को ही अवसर के रूप में लिया। नतीजा, जो चाहा कर दिखाया और दूसरों के लिए उदाहरण बन गए। आप भी लिंकन और रूजवेल्ट से आगे जा सकते हैं, बशर्ते कि आपको अपनी शक्ति का अहसास हो। मैं तो सिर्फ इतना कहूँगा कि आप खुद को पहचानें, सोच को बदलें तथा सकारात्मक, रचनात्मक, व्यापक सोच एवं दृढ़ इच्छाशक्ति के साथ आगे बढ़ने का संकल्प लें।

याद रखें—

आम लोग जीवन को एक संयोग मानते हैं और खास लोग एक अवसर। जो व्यक्ति इसे संयोग मानते हैं, उनके लिए जीवन बोझ और जो व्यक्ति इसे अवसर मानते हैं उनके लिए जीवन अनमोल।

आप जीवन को किस नजरिये से देखते हैं? यह आपकी सोच, संगत एवं परिवेश पर निर्भर करता है। आप अपनी सोच बदलें और आम नहीं, खास बनें। आप अपने अन्दर की प्रतिभा को निखारें और दूसरों के लिए आदर्श एवं उदाहरण बनें। परन्तु दुःख की बात यह है कि प्रायः लोग अपने अन्दर की प्रतिभा को निखारने का प्रयास नहीं करते, खुद की शक्तियों पर विश्वास नहीं करते और स्वयं को असहाय, निर्बल, कमजोर एवं बेकार समझते हैं। ऐसे व्यक्ति खुद के सहारे नहीं, दूसरों के सहारे आगे बढ़ना चाहते हैं। ऐसे व्यक्ति खुद कुछ करते नहीं और इस आाशा में बैठे रहते हैं कि कोई व्यक्ति आए और मेरी मदद करे। वे अँधेरे से बाहर नहीं निकलना चाहते। उन्हें लगता है कि दूसरा आकर मुझे रोशनी दिखाए। उन्हें यह पता ही नहीं होता कि रोशनी बाहर नहीं, उनके अन्दर है। वे अपने अन्दर की रोशनी को नहीं देख पाते क्योंकि उनके देखने का नजरिया गलत होता है।

आप खुद सोचें—जिस व्यक्ति को यह मालूम नहीं है कि उसके अन्दर रोशनी का भंडार है, वह खुद की रोशनी से प्रकाशमान बन दूसरों को प्रकाशित कर सकता है, वैसे व्यक्ति जीवन में बेहतर कैसे कर सकता है? आप गौर करें, तो पाएँगे कि जिन व्यक्तियों ने सफलता का इतिहास रचा है, उन्होंने जीवन को अनमोल माना। अपने अन्दर छिपे दिव्य सौन्दर्य एवं प्रकाश का दर्शन किया और

खुद पर विश्वास रखा। अगर किसी व्यक्ति को यह विश्वास हो जाय कि उसके अन्दर इतनी रोशनी है कि वह खुद की रोशनी से पूरी दुनिया को प्रकाशित कर सकता है, तो वह व्यक्ति दुर्भाग्य का रोना नहीं रोएगा। वह अपनी समस्याओं एवं संसाधनों के लिए दूसरों पर दोषारोपण नहीं करेगा, बल्कि आगत समस्याओं से बाहर निकल संसाधनों को प्राप्त करेगा। ठीक इसके विपरीत जो व्यक्ति जीवन को सौभाग्य नहीं, दुर्भाग्य मानते हैं, वे अपनी असफलता के लिए दूसरों पर दोषारोपण करते हैं। ऐसे व्यक्ति जिन्दगी से निराश एवं हताश रहते हैं और अन्तत: दुर्भाग्य को जीवन की नियति मान लेते हैं।

दोस्तो! याद रखें—यह अनमोल जीवन दुर्भाग्य पर रोने या दूसरों पर दोषारोपण करने के लिए नहीं मिला है। यह जंग हारने के लिए नहीं, जीतने के लिए मिला है। यदि आप खुद पर विश्वास नहीं रखेंगे, जिन्दगी का एक लक्ष्य निर्धारण नहीं करेंगे, लक्ष्य प्राप्ति हेतु कारगर उपाय नहीं करेंगे, अपने अन्दर के गुणों को निखारेंगे नहीं और उन गुणों की परीक्षा नहीं लेंगे, तो आप कैसे कह सकते हैं कि हमारे अन्दर वे सारी खूबियाँ नहीं हैं, जो एक सफल व्यक्ति में होती हैं। सफल व्यक्ति और आप में कोई अन्तर नहीं है। अन्तर सिर्फ इतना है कि सफल व्यक्तियों ने अपने अन्दर छिपी शक्तियों को पहचाना, निहित गुणों को निखारा, कड़ी मेहनत की तथा पूरे आत्म-विश्वास के साथ आगे बढ़े। नतीजतन उन्होंने सफलता का इतिहास रच डाला। ठीक इसके विपरीत जो व्यक्ति भय, भ्रम एवं भटकाव के उलझन में उलझे रहे और खुद पर अविश्वास किया, वे निराशा के गर्त में खो गए। ऐसे व्यक्तियों को यह अहसास ही नहीं होता कि यह जीवन अनमोल है और इसके अन्दर इतनी शक्ति है कि वह जो चाहे कर सकता है। जिस दिन व्यक्ति को यह विश्वास हो जाय कि उसके अन्दर ईश्वर प्रदत्त असीम शक्ति है, वह असम्भव को सम्भव में बदल सकता है। खुद के लिए नई राह बना सकता हैं और दूसरों को नई राह दिखा सकता है। वह व्यक्ति हालात से बाहर निकल असम्भव को सम्भव कर दिखाता है तथा साधारण से असाधारण बन जाता है।

दोस्तो! याद रखें—इस दुनिया में असम्भव कुछ भी नहीं है। हर नामुमकिन मुमकिन है। इस दुनिया में जितने भी असम्भव कार्य हुए हैं, उन्हें किसी न किसी व्यक्ति ने ही सम्भव कर दिखाया है। अत: समस्या आने पर परेशान होने की जरूरत नहीं है, बल्कि निहित शक्ति का अहसास कर आगे बढ़ने की जरूरत है। यदि कोई व्यक्ति गरीबी या संसाधनों की कमी को सफलता के मार्ग में बाधक मानता है तो यह उसकी बहुत बड़ी भूल है।

याद रखें—

किसी भी परिस्थिति में इतना साहस नहीं है कि वह आपके बढ़ते कदम को रोक दे।

संसाधनों की कमी तो मात्र बहाना है। परिस्थिति से बाहर निकलने का साहस आपके अन्दर है। आप तो इस दुनिया के हर संसाधन को प्राप्त कर सकते हैं। आप समस्त ऐश्वर्यिक साधनों को प्राप्त करने के अधिकारी हैं। यदि आपके अन्दर चुनौती को स्वीकार करने का साहस एवं आगे बढ़ने की ललक है, विषम से विषम परिस्थितियाँ भी आपके बढ़ते कदम को डिगा नहीं सकती। आपके अन्दर परिस्थिति को परखने की समझ एवं उत्पन्न हालात से बाहर निकलने का साहस होना चाहिए। किसी भी विषय पर समुचित निर्णय लेने की शक्ति आपके अन्दर है और आप किसी भी विषय पर समुचित निर्णय ले सकते हैं। आप आगत चुनौती को स्वीकार कर आगे बढ़ें। आपके अन्दर तो गरीब से अमीर तथा विफलता को सफलता में बदलने की क्षमता है। आप अपनी इस क्षमता को पहचानें और अभिवर्द्धन क्षमता विकसित करें।

यह आपका सौभाग्य है कि ईश्वर ने आपको इस योग्य समझा। आप उनका शुक्रिया अदा करें कि उन्होंने आपको यह अनमोल जीवन दिया है, जिसके अन्दर असीम शक्ति का भंडार है। जरूरत है केवल खुद पर विश्वास रखने की, अपने अन्दर की शक्ति को जानने-समझने तथा खुद के अन्दर परमात्मा के दिव्य सौन्दर्य का दर्शन करने की। आप ऐसा करके देखें, आपको खुद समझ में आ जाएगा कि यह जीवन अनमोल है। इसके बावजूद आपके मन में किसी प्रकार का संशय है तो आप उन महान विभूतियों की जीवनी से सीख लें, जो गरीबी में पले-बढ़े और संसाधनों की कमी को दुर्भाग्य नहीं, सौभाग्य माना। उन्होंने समस्याओं से सीख ली और चुनौती को स्वीकार कर इतिहास रच डाला। आप भी इतिहास रच सकते हैं, ऐसी शक्ति आपके अन्दर है। आप खुद पर विश्वास रखें।

याद रखें—

विश्वास से बड़ी शक्ति कुछ भी नहीं है।

विश्वास ही सफलता पाने, समस्या से बाहर निकलने तथा रिश्ते की डोर को मजबूत करने की कड़ी है। आप विश्वास टूटने न दें और न ही दूसरों का विश्वास तोड़ें। आप गहनतापूर्वक गौर करें तो पायेंगे कि हमारे-आपके बीच का ही

व्यक्ति जिसने खुद पर विश्वास किया, अपने अन्दर की शक्ति को पहचाना और दिव्य सौन्दर्य के दर्शन किये। वे मानव से महामानव बन गए। आप भी साधारण से विशेष बन सकते हैं। खुद का इतिहास लिख सकते हैं। परमपिता परमेश्वर ने सभी को ऐसी शक्ति दी है। महत्त्वपूर्ण यह है कि आप खुद पर विश्वास रखें और अपनी शक्ति को पहचानें। यह जीवन अनमोल है और आप इसकी अनमोलता साबित करने के लिए ईश्वर प्रदत्त शक्तियों का सदुपयोग सकारात्मक दिशा एवं रचनात्मक कार्यों में करें, दीन-दुखियों की सेवा तथा जग कल्याण में करें। आप ऐसे कार्य कर दूसरों के लिए अनमोल बन जाएँगे। शायद आपको नहीं मालूम—इस जीवन के अन्दर असीम शक्तियाँ छिपी होती हैं, जो हमारे जीवन को अनमोल बनाती हैं। आइए! हम उन शक्तियों की चर्चा करें, जिन शक्तियों को पहचानकर, निखारकर और उसकी परीक्षा लेकर दूसरों के लिए अनमोल बन जाते हैं। वे शक्तियाँ निम्नलिखित हैं—

- सोचने-समझने की शक्ति
- निर्णय लेने की शक्ति
- कुछ कर दिखाने की शक्ति
- परिस्थितियों को परखने की शक्ति
- सीखने एवं सिखाने की शक्ति
- नई राह दिखाने की शक्ति
- गरीब से अमीर बनने की शक्ति
- मूल्यों को समझने की शक्ति
- महान बनने की शक्ति
- सुन्दर बनने एवं सुन्दर दिखने की शक्ति
- संयम एवं सहनशीलता की शक्ति
- दुर्भावनाओं से ऊपर उठने की शक्ति एवं
- परोपकार करने की शक्ति

दोस्तो! ऊपर्युक्त शक्तियाँ हर व्यक्ति के अन्दर निहित होती हैं, जो हमारे जीवन को अनमोल बनाती हैं। दुनिया का हर व्यक्ति इस जीवन को अनमोल मानता भी है, लेकिन वे ही लोग जीवन की अनमोलता साकार कर पाते हैं, जिन्हें खुद पर विश्वास होता है। ठीक इसके विपरीत जो व्यक्ति खुद पर विश्वास नहीं करते वे जीवन को नहीं, भाग्य को अनमोल मानते हैं। विभिन्न सुख-सुविधाओं को अनमोल मानते हैं। ऊँचे पदों पर सुशोभित व्यक्ति तथा अमीर घराने में जन्म लेने वाले व्यक्ति को अनमोल मानते हैं।

आप खुद सोचें—अनमोल व्यक्ति होता है, धन और पद नहीं। अगर आप ऊपर्युक्त बातों पर गौर करें तो पाएँगे कि वही व्यक्ति ऊँचे पदों को सुशोभित करते हैं, विभिन्न सुख-सुविधाओं एवं ऐश्वर्यों को प्राप्त करते हैं, किसी क्षेत्र में सफलता की ऊँचाइयों को छूते हैं, जो अपने अन्दर छुपी शक्तियों को पहचानते हैं। खुद तथा ईश्वर पर विश्वास रखते हैं। अपने अन्दर की प्रतिभा को निखारते हैं और कड़ी मेहनत करते हैं। ऐसा नहीं है कि आप कुछ करें नहीं, अपनी शक्तियों को पहचानें नहीं, खुद पर विश्वास नहीं करें तो आपका भाग्य आपका साथ देगा या दूसरा कोई आपका भाग्य अच्छा लिख देगा।

ध्यान रखें—

आपका जन्म गरीब परिवार में हो या अमीर परिवार में यह आपके वश में नहीं है, लेकिन अमीर बनना आपके वश में है। बड़े-बड़े पदों को सुशोभित करना, विभिन्न सुख-सुविधाओं को हासिल करना आपके वश में है। परन्तु इसके लिए आपको अपनी शक्तियों की पहचान और कड़ी मेहनत करनी होगी।

आप खुद सोचें—यदि आप खुद के जीवन को अनमोल नहीं, भाग्य को अनमोल मानते हैं, तो भी आपको अपने भाग्य को अनमोल बनाने के लिए ईश्वरीय शक्ति की पहचान करनी होगी। खुद पर विश्वास करना होगा और जीवन का मूल्य समझना होगा। ऐसा नहीं है कि आप अकर्मण्य बने रहेंगे तो आपका भाग्य अनमोल बना रहेगा।

याद रखें—

अगर आपका भाग्य अनमोल नहीं है, तो कोई दूसरा आपके भाग्य को अनमोल नहीं बना सकता।

आपको खुद अपने भाग्य को अनमोल बनाना होगा। इसके लिए कड़ी मेहनत करनी होगी, अच्छे गुणों को धारण करना होगा, खुद की शक्तियों पर विश्वास करते हुए आगे बढ़ना होगा। ऐसा नहीं है कि आपका भाग्य अच्छा बनाने के लिए दूसरा आपकी जगह मेहनत करेगा। अगर आपको लगता है कि मेरा भाग्य खराब है तो आपको खुद अपना भाग्य लिखना होगा। ऐसा नहीं है कि दूसरा आपका अच्छा भाग्य लिख देगा। अगर आप दूसरों के पास अपना भाग्य लिखवाने जाएँगे भी तो दूसरा व्यक्ति आपका भाग्य नहीं लिख पाएगा। आपको अपना भाग्य खुद अपने हाथों लिखना होगा।

यह आप पर निर्भर करता है कि आप अपना भाग्य कैसा लिखना चाहते हैं—अच्छा या बुरा? यदि आप अपना भाग्य अच्छा लिखना चाहते हैं तो इस अनमोल जीवन में छिपी शक्तियों को जाग्रत करना होगा तथा कड़ी मेहनत करनी होगी। ऐसी मान्यता है कि हर व्यक्ति का भाग्य ईश्वर लिखते हैं। मैं भी इससे सहमत हूँ। ब्रह्मा जी ने हमारा भाग्य लिखा कि तुम दुनिया के सर्वश्रेष्ठ योनि में जन्म लेने के योग्य हो और तुम सर्वश्रेष्ठ प्राणी हो। तुम्हें यह अनमोल जीवन प्रदान किया जाता है कि तुम धरती पर जाकर दूसरों का कल्याण करो, दीन-दुखियों की सेवा करो और आनन्दमय जीवन जियो। अगर हम धरती पर आने के ऊपरान्त अपनी योग्यता एवं कर्त्तव्य को भूल जाते हैं, अपनी क्षमता को नहीं पहचान पाते हैं, तो इसमें सृष्टि के रचयिता का क्या दोष? दोष हमारा आपका है कि हमने ईश्वर प्रदत्त शक्तियों को नहों पहचाना और अनमोल जीवन के मूल तत्व को ही भूल गए। हमें खुद पर और ईश्वर प्रदत्त शक्तियों पर विश्वास नहीं रहा। अगर हम कड़ी मेहनत नहीं करते और सार्थक संघर्ष के बल पर खुद का भाग्य अच्छा नहीं लिखते, आत्मा के मूल स्वरूप को नहीं पहचान पाते तो इसमें ब्रह्मा जी का क्या दोष? दोषी-हम-आप हैं, और दोषारोपण ईश्वर पर करते हैं। ऐसा कर हम दूसरों को नहीं, खुद को छलते हैं।

आप खुद सोचें और बताएँ—जब ब्रह्मा जी ने आपका भाग्य सर्वश्रेष्ठ प्राणी के रूप में लिखा। तदुपरान्त भी आप अपनी श्रेष्ठता साबित नहीं कर पाते हैं, तो इसमें उनका क्या दोष है? दोष तो आपका है कि आप उनकी बातों को भी झुठला रहे हैं। खुद को भाग्यवान नहीं, भाग्यहीन मान रहे हैं। अगर आप मानते हैं कि हमारा भाग्य अच्छा नहीं है तो आपको अपना भाग्य अच्छा लिखना होगा—कड़ी मेहनत और अपने कर्मों के बल।

याद रखें—

आपका कर्म ही आपका भाग्य है।

इस मही पर आपका भाग्य दूसरा नहीं लिख सकता है। यह सम्भव नहीं है कि दूसरा आपके दुर्भाग्य को सौभाग्य में बदल दे, आपका भाग्य अच्छा लिख दे। निश्चित रूप से आप भी ऊपर्युक्त बातों से सहमत होंगे। कहने का आशय स्पष्ट है कि आपको अपना भाग्य खुद लिखना होगा—सार्थक संघर्ष, कड़ी मेहनत एवं आत्मविश्वास के बल। यह आपकी सोच एवं आत्मविश्वास पर निर्भर करता है कि आप आपना भाग्य कैसा लिखना चाहते हैं? मेरे विचार से—भाग्य एक कोरा कागज है, इस पर आप क्या लिखना चाहते हैं? यह आपके सोच, विश्वास एवं

कर्म पर निर्भर करता है। मेरा मानना है कि आत्मविश्वास से धनी और कर्मयोगी व्यक्ति अपना भाग्य जैसा चाहता है, वैसा लिखने में सफल होता है।

याद रखें—

कर्म के अनुसार भाग्य बदलता है और कर्मयोगी अपना भाग्य स्वयं लिखता है।

आप कर्मयोगी बनें। इस अनमोल जीवन के मूल्य को समझें और खुद पर विश्वास रखें। जो व्यक्ति यह मानते हैं कि यह जीवन अनमोल है और इसके अन्दर असीम शक्तियाँ छुपी हैं, वे अपना भाग्य भी अनमोल लिखने में सफल होते हैं। ऊपरोक्त तथ्यों से स्पष्ट है कि जीवन अनमोल है और इसके अतिरिक्त दुनिया में कुछ भी अनमोल नहीं है। आप इस जीवन की अनमोलता को साकार कर के ही खुद को मूल्यवान बना सकते हैं।

सोचने-समझने की शक्ति

क्या आपको मालूम है—सोचने-समझने की शक्ति मात्र मनुष्य को ही प्राप्त है? यह शक्ति इतनी विराट एवं अद्‌भुत है कि आप इस शक्ति के बल पर जो चाहें प्राप्त कर सकते हैं। खुद के अन्दर निहित शक्ति को पहचानें और इस शक्ति का सदुपयोग रचनात्मक कार्यों में करें। ऐसा करके ही आप जीवन को अनमोल बना सकते हैं। अगर आपको इस शक्ति का महत्त्व मालूम है तो इसका सदुपयोग रचनात्मक दिशा में अवश्य करें। यह आपका सौभाग्य है कि आपका जन्म मानव योनि में हुआ है और आपको यह अनमोल जीवन मिला है। इस दुनिया के समस्त प्राणियों में मनुष्य ही एक ऐसा प्राणी है, जिसे ईश्वर ने सोचने-समझने की शक्ति प्रदान की है। वह किसी भी विषय, परिस्थिति एवं सन्दर्भ पर सोच-समझ सकता है। सोच-समझ कर उचित निर्णय ले सकता है। वह सही-गलत की पहचान कर सकता है तथा उचित-अनुचित में विभेद कर सकता है। न्याय-अन्याय में अन्तर समझ सकता है, जो खुद और दूसरों के लिए महत्त्वपूर्ण होता है। दोस्तो! ईश्वर प्रदत्त यह शक्ति अनमोल है, जिसकी तुलना किसी अन्य शक्ति से नहीं की जा सकती।

याद रखें—

सोचने-समझने की शक्ति अद्वितीय, अतुलनीय एवं विशिष्ट है। आप इसकी महत्ता समझें और इसकी सार्थकता खुद और दूसरों के लिए सिद्ध करें।

यह शक्ति हमें अन्य प्राणियों से अलग करती है और हमें विशिष्ट पहचान दिलाती है। आप खुद सोचें और बताएँ अगर हमें यह शक्ति प्राप्त नहीं होती, तो क्या हम अच्छा बनने एवं अच्छा करने की बात करते? क्या हम सही गलत,

उचित-अनुचित, न्याय-अन्याय में विभेद कर पाते? क्या हम विकास एवं प्रगति की बात करते? क्या हम नैतिकता एवं मूल्यों की बात करते? क्या हम खुद और दूसरों के कल्याण की बात करते? हम ये बातें इसलिए करते हैं कि ईश्वर ने हमें सोचने-समझने की शक्ति दी है। आप खुद सोचें कि जिन प्राणियों के अन्दर सोचने-समझने की शक्ति नहीं है। क्या वे अच्छा करने और अच्छा बनने की बात करेंगे? क्या वे बेहतर जीने एवं बेहतर पाने की बात करेंगे? क्या वे उचित-अनुचित और सही-गलत में विभेद कर पाएँगे? वे नहीं कर पाएँगे। यह सच्चाई है कि जिन प्राणियों के अन्दर सोचने-समझने की शक्ति नहीं होती, वे सिर्फ जिन्दगी जीते है। वे मानते हैं कि उनका जीवन कुछ करने के लिए नहीं, बल्कि किसी तरह जिन्दगी जीने के लिए मिला है। वे किसी भी तरह जीवन जीने के फिराक में रहते हैं। उन्हें विकास या विज्ञान से कोई लेना-देना नहीं होता। वे मनुष्य के मनोनुकूल और उनके नियंत्रण में काम करते हैं। सही मायने में मेरा मानना है कि इस दुनिया में अन्य प्राणियों की रचना, ईश्वर ने मनुष्य के सहयोग एवं चिन्तन के लिए की है।

आप गौर करें तो पाएँगे कि इस दुनिया के समस्त जीव जन्तुओं का उपयोग मनुष्य ही किसी न किसी रूप में अपनी सोच के अनुरूप करता है। अगर हमारे पास सोचने-समझने की शक्ति नहीं होती, तो हम भी अन्य प्राणियों की तरह मूक दर्शक बने रहते। हम जहाँ रहते वहीं के होकर रह जाते। जिस खूँटे में बँधे रहते, उसी खूँटे में बँधे रह जाते। जो हमें मिल जाता, उसी से संतुष्ट रह जाते। हम क्या करें और क्या नहीं करें? कहाँ रहें और कैसे रहें? क्या खाएँ और क्या नहीं खाएँ, क्या पहनें और क्या नहीं पहनें इत्यादि बातों पर विचार नहीं करते। हम ऊपर्युक्त बातों पर या घटित घटना के सन्दर्भ में विचार इसलिए करते हैं कि हमारे पास सोचने-समझने की शक्ति है, जिसका सदुपयोग कर हम इस अनमोल जीवन की अनमोलता साबित करने में कामयाब होते हैं तथा खुद दूसरों के लिए अनमोल बन जाते हैं। अतः महत्त्वपूर्ण यह है कि हम इस अद्‌भुत शक्ति की महत्ता समझें और इस शक्ति का सदुपयोग जग के कल्याणार्थ करें।

ध्यान रखें—

जैसी हमारी सोच होगी, उसी के अनुरूप हमें यह जीवन दिखाई देगा।

जैसी हमारी सोच होगी वैसा ही कृत्य एवं आचरण होंगे। हमारे व्यक्तित्व का निर्माण भी हमारी सोच के अनुरूप ही होगा। कहने का अभिप्राय है कि हमारा

कृत्य, आचरण, व्यवहार, हमारी सोच के अनुरूप ही होंगे। हम क्या पाना और क्या खोना चाहते हैं? हमारे खोने और पाने का औचित्य क्या है? क्या हमारा पाना खुद और दूसरों के लिए सार्थक है? हम सर्वश्रेष्ठ प्राणी हैं तो कैसे? क्या हम अपनी श्रेष्ठता साबित कर पा रहे हैं? क्या हम इस अनमोल जीवन का मूल्य समझ पा रहे हैं? क्या हम अपने जीवन का औचित्य साकार कर पा रहे हैं? जैसे प्रश्नों का उत्तर जानने में भी सोच की भूमिका महत्त्वपूर्ण है। यह हमारा सौभाग्य है कि हमारे पास सोचने-समझने की शाक्ति है और हम ऊपर्युक्त प्रश्नों पर सोच-समझ कर सही निर्णय ले सकते हैं। दोस्तो! यह शक्ति अद्‌भुत और ईश्वर प्रदत्त अनमोल उपहार है, जिसकी महत्ता स्वीकार कर हम अपने जीवन का इतिहास लिख सकते हैं।

अत: महत्त्वपूर्ण यह है कि हम इस अद्‌भुत शक्ति का सदुपयोग कहाँ, कैसे और कब करें? इस बिन्दु पर मनन करें। इन प्रश्नों का उत्तर तलाश करके ही हम जीवन में बेहतर पा सकते हैं। इसके अतिरिक्त हमें निम्न प्रश्नों पर भी मनन करने की जरूरत है, जिससे अपने जीवन की अनमोलता को साबित कर सकें। जैसे—क्या हम इस शक्ति का सदुपयोग केवल अपने हित में कर रहे हैं या दूसरों के हित में भी कर रहे हैं? क्या हम इस शक्ति का सदुपयोग सकारात्मक सोचने एवं रचनात्मक कार्य करने में करते हैं? क्या हम बेहतर करने एवं बेहतर पाने में इस शक्ति का सदुपयोग करते हैं? क्या हम मूल्यों के सन्दर्भ एवं जग कल्याण के बारे में सोचते हैं? क्या हम सृष्टि के नियम एवं पर्यावरण संरक्षण के बारे में सोचते हैं। अगर हम ऊपर्युक्त प्रश्नों पर सोचते-समझते हैं, तब इसका मतलब है कि हमें अपनी इस शक्ति का अहसास है। हमें यह मालूम है कि हमारा जीवन अनमोल है। अगर आपको इस शक्ति का अहसास नहीं है, तो आप अनमोल होते हुए भी मूल्यहीन बन कर रह जाएँगे।

ध्यान रखें—

> *यदि आप इस शक्ति का दुरूपयोग दूसरों को हानि पहुँचाने में करते हैं, तो फिर आप अनमोल और श्रेष्ठ नहीं बन सकते।*

अगर आप मानते हैं कि मनुष्य एक सर्वश्रेष्ठ प्राणी है तो इन प्रश्नों पर आपको विचार करने होंगे? अपनी श्रेष्ठता साबित करनी होगी। इसकी सार्थकता एवं श्रेष्ठता के सन्दर्भ में केवल सोचना ही नहीं होगा, बल्कि खुद की सर्वश्रेष्ठता स्थापित करनी होगी। आपको इस शक्ति का सदुपयोग जग कल्याणार्थ करने होंगे। ऐसा करके ही आप श्रेष्ठ बन सकते हैं।

दोस्तो! इस दुनिया में ऐसा कोई भी व्यक्ति नहीं होगा, जो अच्छा आदमी नहीं बनना चाहता हो। धन, यश नहीं कमाना चाहता हो। अपने सपने को साकार नहीं करना चाहता हो। हर व्यक्ति चाहता है कि मैं एक अच्छा आदमी बनूँ। मैं अपने जीवन में अच्छा करूँ और बेहतर प्राप्त करूँ। नाम, धन, यश अर्जित करूँ। इस अनमोल जीवन का औचित्य साकार करूँ। मेरा भी नाम एवं पहचान हो। सचमुच आप ऐसा चाहते हैं तो आपको अपनी सोच को सकारात्मक, व्यापक, उन्नत, दूरदर्शी एवं सृजनशील बनाना होगा। सोच की दिशा सकारात्मक एवं दृष्टि दूर तक ले जानी होगी। सोच की दिशा रचनात्मक रखनी होगी। जब तक आप ऐसा नहीं करेंगे, आपको सोच रूपी शक्ति की महत्ता समझ में नहीं आएगी। आपको इस अद्‌भुत शक्ति का दुरुपयोग नहीं, सदुपयोग करने होंगे। जब तक आप इस शाक्ति का सदुपयोग रचनात्मक दिशा में जग के कल्याणार्थ नहीं करेंगे, तब तक आप सोचने की शक्ति की उपयोगिता सिद्ध नहीं कर पाएँगे। आप इस शक्ति की महत्ता समझें और इसकी सार्थकता साबित करें। ऐसा करके ही आप बेहतर आदमी बन सकते हैं। आप सुन्दर व्यक्तित्व का मालिक बन सकते हैं। आप इस अनमोल जीवन की सार्थकता साबित कर पाएँगे। सोचन-शक्ति के कारण ही हम अच्छे-बुरे, सही-गलत की पहचान तथा उचित-अनुचित, न्याय-अन्याय में विभेद कर सकते हैं। जैसे—आप बहुत ज्ञानी हैं और आपके पास अनेक डिग्रियाँ हैं, लेकिन आप प्राप्त ज्ञान को विवेक में नहीं बदलेंगे तो वह निरर्थक साबित होगा। प्राप्त ज्ञान की सार्थकता साबित करने के लिए सोच की धार को तेज करना होगा, उसे ओज देना होगा, ताकि आप प्राप्त ज्ञान की सार्थकता साबित कर सकें।

ध्यान रखें—

सोच एवं ज्ञान में अन्योन्याश्रय सम्बन्ध है। ज्ञान अर्जन से हमारी सोच में बदलाव आता है और जब हम अपनी सोच को दूर तक ले जाते हैं, तो ज्ञान की सार्थकता सिद्ध कर पाते हैं अन्यथा अर्जित ज्ञान बेकार है।

शायद आपको नहीं मालूम—प्राप्त ज्ञान की सार्थकता तब है, जब हम प्राप्त ज्ञान की उपयोगिता साबित करने के लिए उस पर सोचें-समझें। हम अपनी सोच में निखार लाएँ और बेहतर करने की बात सोचें। दूसरे शब्दों में हम कह सकते हैं कि जब हम ज्ञान का सदुपयोग अपनी सोच का दायरा बढ़ाने में करते हैं, जग के कल्याणार्थ करते हैं, तो हम खुद को बेहतर साबित कर पाते हैं।

जैसे—हम ज्ञान प्राप्त करते हैं और प्राप्त ज्ञान को विवेक में बदलते हैं। प्राप्त ज्ञान का सदुपयोग लोगों के कल्याणार्थ करते हैं, तो हमारा ज्ञान सार्थक होता है। ठीक इसके विपरीत यदि हम प्राप्त ज्ञान का उपयोग रचनात्मक दिशा में नहीं करते, जग के कल्याणार्थ नहीं करते तो प्राप्त ज्ञान निरर्थक है। कहने का तात्पर्य है कि जब हम सोचन-शक्ति का सदुपयोग खुद को जानने-समझने और जन कल्याणार्थ करते हैं, इसकी सार्थकता साबित करते हैं, तो हम इस जीवन को अनमोल बना पाते हैं।

जीवन बेहतर जीने तथा जीवन का औचित्य साकार करने में भी सोचन शक्ति की भूमिका महत्त्वपूर्ण है। हमें जीवन में बेहतर करने एवं बेहतर पाने के लिए निम्न प्रश्नों के सन्दर्भ में सोचना होगा—हमें यह जीवन क्यों मिला है? इस जीवन का औचित्य क्या है? हम कैसा जीवन जीना चाहते हैं? हमारे जीने का उद्‌देश्य क्या है? हमें क्या करना चाहिए और क्या नहीं करना चाहिए? हम इस अनमोल जीवन की सार्थकता कैसे साबित कर सकते हैं? यदि इन प्रश्नों पर हम सोचते-समझते हैं, तो जीवन में बेहतर करते हैं। मेरा भी आपसे अनुरोध है कि आप ऊपर्युक्त प्रश्नों पर सोचें-समझें। यदि आप इस शक्ति का सदुपयोग रचनात्मक दिशा में तथा किसी सन्दर्भ में समुचित निर्णय लेने में नहीं करते हैं, तो जीवन में बेहतर कैसे पाएँगे? बेहतर करने और बेहतर पाने के लिए सोचना होगा। ध्यान रखें—अगर हम सोचेंगे ही नहीं कि हमें क्या करना है? हमें कैसे जीवन जीना है तो फिर यह अद्‌भुत शक्ति भी शक्तिहीन बन कर रह जाएगी। हमें ऊपर्युक्त प्रश्नों पर सोचने की जरूरत है कि हम जो कार्य करने जा रहे हैं, उसका औचित्य क्या है? उसकी परिणति खुद और दूसरों के लिए कितना महत्त्वपूर्ण है? हमारे कृत्य का प्रभाव खुद और दूसरों के लिए कितना पॉजिटिव या निगेटिव है? इन प्रश्नों पर सोचना-समझना आवश्यक है। अगर हम सोच-समझकर कार्य करते हैं तो परिणति अच्छी प्राप्त होती है और बिना सोचे-समझे कार्य करते हैं, तो हमारी ऊर्जा, समय एवं धन व्यर्थ जाता है। अत: जीवन में बेहतर पाने एवं बेहतर करने के लिए सोचें-समझें और इस शक्ति का सदुपयोग हमेशा रचनात्मक कार्यों में करें।

आप खुद सोचें और बताएँ कि यदि ईश्वर ने हमें सोचने-समझने की शक्ति नहीं दी होती तो क्या हम बेहतर जीवन शैली की बात करते? सुन्दर व्यक्तित्व निर्माण एवं बेहतर पाने की बात करते? विभिन्न क्षेत्रों में प्रगति की बात या इतिहास रचने की बात करते। खुद का औचित्य साकार करने की बात करते? क्या जीवन की अनमोलता की बात करते। आपका भी जवाब

होगा—नहीं। हम ये सारी बातें इसलिए करते हैं कि हमारे अन्दर सोचने-समझने की शक्ति है और यही शक्ति हमारे जीवन को अनमोल बनाती है। आज हम विभिन्न क्षेत्रों में विकास एवं प्रगति का इतिहास इसलिए लिख पा रहे हैं कि हमने सोचन-शक्ति का सदुपयोग सकारात्मक दिशा एवं रचनात्मक कार्यों में किया। सोच की महत्ता समझी और उसे व्यापक बनाया।

क्या आपने कभी सोचा है कि हममें और अन्य प्राणियों में क्या अन्तर है? यदि आप इस प्रश्न पर गम्भीरतापूर्वक गौर करें तो पाएँगे कि हममें और अन्य प्राणियों में अन्तर का मुख्य कारण सोचन-शक्ति है। ईश्वर ने अन्य प्राणियों में भी प्रजनन, श्वसन, पोषण, रक्त संचारण, उत्सर्जन, प्रचलन इत्यादि क्रियाओं हेतु तंत्र दिया है और ये तंत्र हमारे अन्दर भी है। परन्तु हम प्रचलन एवं पोषण कैसे करें, उत्सर्जन कहाँ और कैसे करें? प्रजनन की क्रिया कब और कैसे करें? ये समस्त क्रियाएँ हम सोच-समझकर करते हैं, क्योंकि हमारे अन्दर सोचने-समझने की शक्ति है। जब हमें किसी प्रकार का कष्ट होता है या किसी समस्या से ग्रसित होते हैं तो उसका निराकरण ढूँढ़ते हैं। हम क्या करें और क्या नहीं करें, इस पर विचार करते हैं। हमारा आचरण एवं व्यवहार कैसा हो? हम अपनी बातों को दूसरों के समक्ष कैसे रखें? हम अपनी उपयोगिता खुद और दूसरों के लिए बेहतर कैसे साबित करें? इत्यादि प्रश्नों पर सोचते-समझते हैं, तदुपरान्त कृत्य करते हैं। नतीजा हम खुद को बेहतर कर पाते हैं। लेकिन अन्य प्राणी ऐसा नहीं करते, क्योंकि उनमें सोचने-समझने की शक्ति नहीं होती है। यही कारण है कि हम अन्य प्राणियों से श्रेष्ठ हैं और हमारा जीवन अनमोल है।

दोस्तो! अगर आप सचमुच इस अनमोल जीवन की सार्थकता साबित करना चाहते हैं, जीवन का औचित्य साकार करना चाहते हैं, खुद का इतिहास लिखना चाहते हैं, तो सोच को बदलें। सोच रूपी शक्ति का सदुपयोग सकारात्मक दिशा एवं रचनात्मक कार्यों में करें। जैसे ही हम किसी व्यक्ति, विषय या घटना के सन्दर्भ में अपनी सोच बदलते हैं और सकारात्मक सोचना शुरू कर देते हैं। उस व्यक्ति या विषय के सन्दर्भ में देखने का हमारा नजरिया बदल जाता है। यह सर्वमान्य है कि अच्छा बनने के लिए अच्छी सोच होना आवश्यक है।

ध्यान रखें—

आप अच्छा सोचेंगे, तो अच्छा बनेंगे और बुरा सोचेंगे तो बुरा बनेंगे।

आप कैसा बनना चाहते हैं और क्या करना चाहते हैं? यह आपकी सोचन-शक्ति पर निर्भर करता है कि आप क्या सोचते हैं? इसकी शक्ति के बल पर आदमी जो चाहता है, वह प्राप्त करता है।

याद रखें—

जिस व्यक्ति की सोच सकारात्मक, व्यापक एवं दूरदर्शी होती है। वह हर व्यक्ति और वस्तु में अच्छाई ढूँढ़ लेता है।

सोच रूपी शक्ति का ही कमाल है कि हम जो चाहते हैं कर दिखाते हैं और जैसा चाहते हैं बनकर दिखाते हैं। विज्ञान-विकास एवं तकनीकी के क्षेत्र में जो इतिहास रच रहे हैं। इस दुनिया में हम जो भी प्रगति विभिन्न क्षेत्रों में देख रहे हैं, चाहे वह कला, विज्ञान, तकनीकी या प्रौद्योगिकी का क्षेत्र हो, भू-तल, नभ-तल, जल-तल की बात हो—सभी क्षेत्रों में प्रगति का इतिहास रचने में किसी-न-किसी व्यक्ति की सोच का कमाल है। यह अद्‌भुत शक्ति है, जो हमारे जीवन को अनमोल एवं विशिष्ट बनाती है।

याद रखें—

सोचन-शक्ति ही हमें अनमोल एवं विशिष्ट बनाती है।

आप गौर करें तो पाएँगे कि ईश्वर ने हर व्यक्ति को सोचने-समझने की शक्ति दी है, लेकिन जो व्यक्ति इस शक्ति का सदुपयोग सकारात्मक दिशा एवं रचनात्मक कार्यों में करते हैं, वही जीवन को अनमोल बना पाते हैं। जीवन की अनमोलता आपकी सोचन-शक्ति की व्यापकता एवं दूरदर्शिता पर निर्भर करती है। आप अपनी सोच की दिशा को गति दें एवं धार को तेज करें। सोच को व्यापक एवं दूरदर्शी बनाएँ। आप ऐसा करके देखें—आपको खुद समझ में आएगा कि सोच ही सबसे बड़ी शक्ति है और अपनी सोच का सदुपयोग आप जिस दिशा में कर रहे हैं वह कितना सार्थक है। इस दुनिया में हम-आप जो भी प्रगति देख रहे हैं वह किसी-न-किसी की सोच का ही प्रतिफल है। मेरा मानना है कि आप अच्छा बनना एवं अच्छा करना चाहते हैं तो अच्छा सोचें। वह सब सोच का ही कमाल है। परन्तु दु:ख की बात यह है कि प्राय: व्यक्ति अपनी सोच को उन्नत, सकारात्मक, रचनात्मक, व्यापक नहीं बना पाते। सोच की महत्ता नहीं समझ पाते और यही कारण है कि अधिकांश व्यक्ति इस अद्‌भुत शक्ति को पाकर भी जीवन को अनमोल नहीं बना पाते हैं।

आइए हम सोच बदलने का नतीजा देखें कि सोच हमारे जीवन की दिशा एवं दशा कैसे बदल देती है :

एक कुम्हार था जो मिट्टी का बर्तन एवं अन्य सामग्री बनाने का कार्य करता था। एक दिन वह मिट्टी सानकर अपना कार्य शुरू करने जा रहा था तो,

पत्नी ने पूछा—आज क्या बनाने जा रहे हो?

कुम्हार ने कहा—चिलम बनाने जा रहा हूँ।

पत्नी ने कहा—चिलम क्यों बनाने जा रहे हो?

कुम्हार ने कहा—यह खूब बिकेगी।

पत्नी ने कहा—चिलम की जगह सुराही बनाओ, वह भी खूब बिकेगी। गर्मी आ रही है। कुम्हार ने कहा—ठीक कह रही हो और उसने मिट्टी से सुराही बनाना शुरू किया। मिट्टी ने कुम्हार से पूछा—भाई! तुम तो अभी चिलम बनाने जा रहे थे, अब सुराही क्यों बना रहे हो?

कुम्हार ने कहा—मैंने अपना विचार बदल दिया।

मिट्टी ने कहा—तुमने अपना विचार बदल दिया और मेरी जिन्दगी बदल गई।

कुम्हार ने कहा—वह कैसे? मिट्टी ने कहा—तुम चिलम बनाते तो मैं दूसरों को जलाती और खुद जलती। अब तुम सुराही बना रहे हो तो मैं दूसरों को शीतल करूँगी और खुद भी शीतल रहूँगी। देखा आपने, सिर्फ सोच की दिशा बदल देने से उस व्यक्ति की दशा बदल गई। यह है—सोच का कमाल। आप भी अपनी सोच बदलें और इस शक्ति का सदुपयोग खुद और दूसरों के कल्याण में करें।

आइए हम एक और उदाहरण से देखें कि सोच की परिणति कितनी सार्थक है। आपकी सोच खुद और दूसरों की दिशा एवं दशा बदलने में कितनी महत्त्वपूर्ण है। एक 25 वर्ष का युवा था, जो नौकरी मिलने के बाद देवी मंदिर माँ का दर्शन करने गया था। उसने मंदिर के बाहर देखा कि एक भिखारी उसे बार-बार आवाज दे रहा था, बाबू कुछ रुपये दे दो। वह भिखारी बार-बार भीख देने का आग्रह कर रहा था, लेकिन उस युवक ने उसे भिक्षा नहीं दी। उसने सोचा कि क्या यह अनमोल जीवन भीख माँगने के लिए मिला है और भीख देना उचित है? युवक ने अपनी सोच बदली और भिक्षा नहीं देने का निर्णय लिया। अगले दिन वह 20 गुलाब का फूल एवं एक रूमाल लेकर गया और भिखारी जहाँ बैठा था, वहाँ रूमाल बिछाकर फूल रख दिया। इसके बाद उसने एक फूल लिया और 05 रुपया उसके हाथ पर रख दिया। यह देखकर दूसरा,

तीसरा श्रद्धालु भी 05 रुपया देकर उसका फूल खरीदने लगा। एक माह बाद वह युवक उस भिखारी के हाल-चाल जानने गया तो देखा कि वह भिखारी भीख नहीं माँग रहा था, बल्कि मंदिर से बाहर एक कुर्सी टेबुल लगाकर फूल बेचने का कार्य कर रहा था। वह अपनी जिन्दगी याचना कर के नहीं, सम्मान से जी रहा था। जैसे ही उस भिखारी की नजर उस युवक पर पड़ी—वह दोनों हाथ जोड़ते हुए दौड़कर उस युवक के पास आया और पैर छूना चाहा। युवक ने उसे गले से लगा लिया।

इस प्रकार हम देखते हैं कि उस युवक ने अपनी सोच बदली और अपनी सोच से भिखारी के जीवन की दिशा बदल दी। उसने भिखारी को अनमोल होने का अहसास करा दिया। दोस्तो! यह है सोच का कमाल। ध्यान रखें—जब तक हम अपनी सोच नहीं बदलेंगे तब तक हम उत्पन्न हालात और प्राप्त असफलता के लिए दूसरों पर दोषारोपण करते रहेंगे।

याद रखें—

दोषारोपण करने से हम केवल खोते हैं, पाते कुछ भी नहीं।

अतः सोच को बदलें। सोच बदलकर ही हम उत्पन्न हालात से बाहर निकल सकते हैं। असफलता को सफलता में तथा अपनी दीन-हीन दशा को सुखद दिशा में बदल सकते हैं। आपके अन्दर खुद को क्या दुनिया को बदलने की शक्ति है। आप अपनी सोच बदलकर देखें और इस अद्‌भुत शक्ति का सदुपयोग रचनात्मक दिशा एवं रचनात्मक कार्यों में करें। आपको खुद का जीवन ही नहीं, सृष्टि की सम्पूर्ण रचना अनमोल दिखेगी। आप जीवन के औचित्य को साकार करने में सफल होंगे। समस्या कितनी भी विकराल क्यों न हो? आप आगत समस्या से घबराएँ नहीं, विकट परिस्थिति में धैर्य न खोएँ और उत्पन्न हालात को परखें। हालात पर सोचें-समझें और समस्या से बाहर निकलने का रास्ता ढूँढ़ें।

याद रखें—

हर समस्या का समाधान आपके अन्दर है, बाहर नहीं।

आप किसी भी समस्या से बाहर निकल सकते हैं। इतनी शक्ति आपके अन्दर है। आप हमेशा यह सोचें कि—

- मैं यह काम क्यों नहीं कर सकता?
- मैं यह काम कर सकता हूँ?
- मैं यह काम दूसरों से बेहतर कर सकता हूँ?

- मैं क्रोधित क्यों हुआ?
- मैं परेशान क्यों हुआ?
- मैं निराश क्यों हुआ?
- मैं असफल क्यों हुआ?
- मैं मूल्यों के प्रति समर्पित क्यों नहीं हूँ?
- मैं अपने कर्त्तव्यों एवं दायित्वों के प्रति संवेदनशील क्यों नहीं हूँ?
- मैं अपने समय का प्रबंधन क्यों नहीं कर सकता?
- मैं बेहतर आदमी क्यों नहीं बन सकता?
- मैं अपनी खामियों को खूबियों में क्यों नहीं बदल सकता?

ऊपर्युक्त सारे प्रश्नों का उत्तर बाहर नहीं, आपके अन्दर है। यह आपकी सोचन-शक्ति पर निर्भर करता है कि आप खुद और दूसरों के बारे में क्या सोचते हैं? आप समस्या के निराकरण के सन्दर्भ पर क्या सोचते हैं? खुद को बदलने के लिए क्या सोचते हैं? मेरी सलाह होगी कि आप अपनी सोच का दायरा विकसित करें। सकारात्मक एवं रचनात्मक सोचें और सोच की दिशा को व्यापक बनायें। आप अपनी सोच का दायरा बढ़ाकर ही इन प्रश्नों का उत्तर जान सकते हैं। प्राप्त उत्तर को आत्मसात् कर के ही जीवन की अनमोलता साकार कर सकते हैं। व्यक्तित्व में निखार लाने तथा व्यक्तित्व को सुन्दर बनाने में भी सोच की भूमिका महत्त्वपूर्ण है। आपको अपने आन्तरिक गुणों को निखारने में भी सोच रूपी शक्ति का ही सहारा लेना होगा। सोच ही हमें जीवन का मूल्य एवं औचित्य बतलाता है। आप गौर करें तो पाएँगे कि हम जैसा भी हैं और जहाँ भी हैं वह सोच का ही कमाल है। हम क्या बनना चाहते हैं और भविष्य में क्या करना चाहते हैं? यह भी सोच का ही कमाल है। आप हमेशा बेहतर बनने की बात सोचें। आप निश्चित रूप से बेहतर करेंगे और बेहतर बनेंगे। मैं तो सिर्फ इतना कहूँगा कि आप इस अद्भुत शक्ति का सदुपयोग रचनात्मक दिशा में करें।

ध्यान रखें—

इस दुनिया में जो भी व्यक्ति हैं और जिस स्थिति में हैं, वह उसकी सोच का प्रतिरूप है।

सोच के कारण ही कोई व्यक्ति सफल है और कोई असफल, कोई पराक्रमी है तो कोई भयभीत, कोई विद्वान है तो कोई मूर्ख। कोई सुन्दर व्यक्तित्व का मालिक है तो कोई निम्न व्यक्तित्व का। जिस व्यक्ति ने जैसा सोचा, वैसा बना।

आपका अच्छा बनना या खराब बनना आपकी सोच पर निर्भर करता है कि आप खुद और दूसरों के बारे में क्या सोचते हैं? जैसे—सकारात्मक सोच, व्यापक सोच, रचनात्मक सोच—सफल व्यक्तित्व। निम्न सोच, नकारात्मक सोच, संकीर्ण सोच—असफल व्यक्तित्व। कहने का अभिप्राय है कि हमारी जैसी सोच होती है, वैसा ही हमारा कृत्य और व्यक्तित्व। जैसी सोच, वैसी संगत, जैसी संगत वैसी सोच और जैसी सोच वैसी ही जीवन शैली। कहने का आशय है कि—हम अच्छा हैं या बुरा, सुन्दर व्यक्तित्व के मालिक हैं या निम्न व्यक्तित्व के, सफल व्यक्ति हैं या असफल, हमारा जीवन अनमोल है या मूल्यहीन। यह सब कुछ हमारी सोच से अभिधारित होता है। अत: सोच को बदलें और सोच रूपी शक्ति की महत्ता समझें।

निर्णय लेने की शक्ति

किसी भी व्यक्ति के व्यक्तित्व में निर्णय लेने की शक्ति एक ऐसी अद्वितीय शक्ति है, जो उसे आम से खास बनाती है। उसे अलग पहचान एवं विशिष्ट स्थान दिलाती है। इस शक्ति की महत्ता समझने वाला व्यक्ति ही साधारण से असाधारण एवं असफल से सफल बन पाता है। कहने का आशय है कि आप इस शक्ति का सदुपयोग सही-गलत, उचित-अनुचित तथा न्याय-अन्याय के बीच विभेद करने में करें। सदैव यथोचित निर्णय लें तथा अपने विचारों तथा शक्तियों का उपयोग सकारात्मक दिशा एवं रचनात्मक कार्यों में करें। किसी भी सन्दर्भ में या उत्पन्न समस्या पर सोच-समझकर निर्णय लेने के योग्य बनें। जो व्यक्ति निर्णय लेने के योग्य होते हैं, वे ही यथोचित निर्णय ले पाते हैं और जीवन में सफल होते हैं।

याद रखें—

निर्णय लेने की शक्ति ही हमें निर्णायक बनाती है और अलग पहचान दिलाती है। हमारा सही निर्णय हमें सफलता की ऊँचाइयों पर ले जाता है और एक गलत निर्णय असफलता के गर्त में।

अतः कोई भी निर्णय सोच-समझकर लें।

ध्यान रखें—हम किसी भी विषय, परिस्थिति और सन्दर्भ पर निर्णय ले सकते हैं, चाहे वह विषय कितना भी कठिन क्यों न हो? उत्पन्न हालात कितने भी प्रतिकूल क्यों न हों। हम किसी भी विकट परिस्थिति से क्यों न घिरे हों? हम विकट से विकट हालात से क्यों न गुजर रहे हों? सन्दर्भ कितना भी गूढ़ क्यों न हो? हम हर स्थिति में बेहतर निर्णय ले सकते हैं और बेहतर कर सकते हैं। महत्त्वपूर्ण यह है कि हमारा निर्णय कितना तार्किक एवं सार्थक है। हम निर्णय लेने के योग्य हैं कि नहीं। हमारे अन्दर परिस्थितियों को परखने की समझ है या

नहीं। अगर हमें इन बातों की समझ है और हम समुचित निर्णय लेने के योग्य हैं तो निश्चित रूप से हम जीवन में बेहतर करते और बेहतर पाते हैं। ठीक इसके विपरीत जो व्यक्ति निर्णय लेने के योग्य नहीं होते हैं या ससमय किसी सन्दर्भ पर निर्णय नहीं लेते हैं, वे हालात का रोना रोते हैं।

ध्यान रखें—

हम किसी भी घटना पर निर्णय ले सकते हैं। हम अपने जीवन को सजाने एवं सँवारने के सन्दर्भ पर निर्णय ले सकते हैं। हम किसी भी परिस्थिति से बाहर निकलने का निर्णय ले सकते हैं। निर्णय लेने की शक्ति हमारे अन्दर है, जरूरत है सकारात्मक एवं रचनात्मक बनने की।

कहने का आशय है कि हरेक विषय पर निर्णय लेने की शक्ति हमारे अन्दर है और यही शक्ति हमें अनमोल बनाती है। महत्त्वपूर्ण यह है कि हम निर्णय लेने के योग्य बनें और सोच-समझकर निर्णय लें। निर्णय लेने की शक्ति भी हमारी सोचन-शक्ति से प्रभावित होती है। अगर हमारी सोच सकारात्मक, रचनात्मक, उन्नत, व्यापक एवं दूरदर्शी है, तो हम किसी भी विषय-वस्तु पर उचित निर्णय लेने में सक्षम होते हैं। ठीक इसके विपरीत अगर हमारी सोच नकारात्मक, संकीर्ण एवं अदूरदर्शी है तो हम सही निर्णय नहीं ले पाते हैं। अत: महत्त्वपूर्ण यह है कि हम निर्णय लेने के योग्य बनें और ससमय तार्किक एवं सार्थक निर्णय लें।

याद रखें—

अगर आपके अन्दर परिस्थिति को परखने की समझ तथा निर्णय लेने की क्षमता है। आप ससमय सही निर्णय लेते हैं, तो आपकी सफलता सुनिश्चित है।

आप सफल ही नहीं अच्छा आदमी बनते हैं और आपका नाम एवं यश फैलता है। आपको सर्वत्र मान-सम्मान मिलता है। शायद आपको नहीं मालूम—आपका एक अच्छा निर्णय आपको बेहतर आदमी बना सकता है। आपको चाँद पर पहुँचा सकता है। आपको सफलता की ऊँचाईयों पर ले जा सकता है। आपको आम से खास बना सकता है, जबकि एक गलत निर्णय आपको रसातल में ले जा सकता है। बुरा आदमी बना सकता है। आपको आजीवन दुखों के सागर में डुबा सकता है। अत: कोई भी निर्णय सोच-समझकर लें। बिना सोचे-समझे कोई भी निर्णय न लें और न ही निर्णय लेने में जल्दबाजी करें। आप निर्णय लेने के लिए स्वतंत्र हैं और निर्णय लेने की शक्ति भी आपके अन्दर निहित है। निर्णय लेने का अधिकार भी आपका है। इसका मतलब यह नहीं है कि आप मूल्यों के

विरुद्ध, नैतिकता के विरुद्ध, मानवता के विरुद्ध निर्णय लें। बिना सोचे-समझे मन में जो आए, निर्णय करें। आप बलवान हैं, इसका मतलब यह नहीं है कि आप कमजोर को पीटने का निर्णय लें। आप अमीर हैं तो, गरीब को सताते रहें, दूसरों का शोषण करने का निर्णय लें।

याद रखें—

आप कोई भी निर्णय लेने के पूर्व अच्छी तरह सोचें-समझें, तदुपरान्त निर्णय लें ताकि भविष्य में आपको अपने निर्णय पर पछताना न पड़े।

इतिहास भी इस बात का साक्षी है कि जिन व्यक्तियों ने सोच-समझकर निर्णय नहीं लिया, वे पश्चाताप की अग्नि में जलते रहे। उनके एक निर्णय ने पूरे समाज को तहस-नहस कर डाला। उदाहरण के तौर पर भीष्म पितामह का शासन के प्रति समर्पित रहने का निर्णय, दुर्योधन का अपने पाण्डव भाइयों को पाँच ग्राम की माँग ठुकराने का निर्णय महाभारत जैसे युद्ध की परिणति बना। हिटलर की तानाशाही रवैया एवं गलत निर्णय द्वितीय विश्वयुद्ध का कारण बना। अत: किसी भी प्रकार का निर्णय लेने के पूर्व उसकी परिणति एवं प्रभाव की समीक्षा करें, तदुपरान्त निर्णय लें, ताकि आपको अपने निर्णय पर पछताना न पड़े। मैं तो सिर्फ इतना कहूँगा कि आप कोई भी निर्णय लेने के पूर्व सोचें-समझें। परिस्थितियों को बारीकी से परखें और निर्णय लेने के योग्य बनें। निर्णय लेने में कभी भी जल्दबाजी न करें और इस बात का भी ध्यान रखें कि जिन विषयों पर आपको निर्णय लेना है, उस सन्दर्भ पर दूसरा नहीं, आप खुद निर्णय लें। यह अधिकार आपका है और यह अधिकार आप दूसरों को कदापि नहीं दें, अन्यथा दूसरों द्वारा थोपा गया निर्णय आपको दुर्भाग्य पर रोने के लिए विवश कर देगा।

याद रखें—

आपका सही निर्णय और ससमय निर्णय ही जीवन को अनमोल बनाता है।

अगर आप ससमय सही निर्णय नहीं लेते हैं, तो आपका यह अनमोल जीवन भी नरक बन जाता है। आप इस शक्ति का सदुपयोग करें और इस जीवन को आनन्द से परिपूर्ण बनाएँ। यदि आपके अन्दर निर्णय लेने की शक्ति नहीं है, तो आपका यह अनमोल जीवन सौभाग्य की जगह दुर्भाग्य बन जाएगा। आप भूलकर भी ऐसा न करें और निर्णय लेने की अद्‌भुत शक्ति को यों ही जाया न करें। अगर आप ऐसा करते हैं, तो दुर्भाग्य को खुद आमंत्रित करते हैं। आप अपने जीवन

को बोझिल न बनाएँ। आप इस शक्ति की महत्ता समझें और इसका सदुपयोग खुद और दूसरों को आगे बढ़ाने में करें। आपके निर्णय लेने की शक्ति आपके दुर्भाग्य को सौभाग्य में बदल देती है। जीवन के औचित्य को साकार करने में मदद करती है। इसके लिए आप परमपिता परमेश्वर को बार-बार नमन करें कि उन्होंने आपको यह अनमोल शक्ति दी है।

ध्यान रखें—आपको यह अनमोल जीवन विवशता में जीने के लिए नहीं मिला है। दुर्भाग्यपूर्ण जीवन जीने या भाग्य पर रोने के लिए नहीं मिला है। यह जीवन बेहतर करने एवं बेहतर पाने के लिए मिला है। यह जैसे-तैसे जीने के लिए नहीं, बल्कि पूरे आन, बान एवं शान से जीने के लिए मिला है। यह जीवन घृणा फैलाने के लिए नहीं, सर्वत्र खुशबू फैलाने के लिए मिला है। यह अनमोल जीवन हर्ष, उल्लास, उमंग एवं उत्साह के साथ जीने के लिए मिला है। आप इसकी महत्ता समझें। परन्तु आप ऐसा कब कर पाएँगे, जब आप निर्णय लेने के योग्य बनेंगे और निर्णय लेने का महत्त्व समझेंगे। इसमें कोई संशय नहीं है कि यह जीवन अनमोल है, जो हमें बड़े ही सौभाग्य से मिला है। पूर्व जन्म के अच्छे संस्कारों एवं सुकर्मों से मिला है। अतः इस सौभाग्यपूर्ण जीवन को दुर्भाग्यपूर्ण नहीं बनने दें। आप खुद का मूल्य समझें और अपने अन्दर छुपी शाक्तियों को पहचानें। अपने अन्दर अच्छे गुणों को निखारें तथा ससमय बेहतर निर्णय लेकर इस अनमोल जीवन की श्रेष्ठता साबित करें। जीवन की अनमोलता एवं श्रेष्ठता को साबित करने के लिए ही ईश्वर ने हमें निर्णय लेने की शक्ति दी है। इस जीवन की सार्थकता आपके निर्णय लेने की क्षमता एवं योग्यता पर निर्भर है। अतः आप इस शक्ति का सदुपयोग बेहतर पाने एवं जग कल्याण में करें।

विचारणीय और महत्त्वपूर्ण प्रश्न यह है कि हम जीवन को अनमोल बनाने के लिए क्या निर्णय लें। हमारा निर्णय कैसा हो और हम निर्णय लेने के योग्य कैसे बनें? ससमय और सही निर्णय लेने के लिए हमें क्या करने की जरूरत है? हमें किन-किन बातों पर ध्यान देने की जरूरत है ताकि हमारा निर्णय खुद और दूसरों के लिए सार्थक एवं सारगर्भित हो सके। मेरे विचार से किसी भी सन्दर्भ में निर्णय लेने के पूर्व निम्नलिखित प्रश्नों पर जरूर विचार करें—

- क्या हमारा निर्णय खुद और दूसरों को नुकसान तो नहीं पहुँचाता है?
- क्या हमारे निर्णय से किसी की भावना को ठेस तो नहीं पहुँचती?
- क्या हमारा निर्णय खुद, परिवार, समाज एवं राष्ट्र हित में है?
- क्या हमारा निर्णय मूल्यों के प्रतिकूल तो नहीं है?
- क्या हमारा निर्णय सामयिक, तार्किक एवं सारगर्भित है?

आप ऊपर्युक्त प्रश्नों पर सोच-समझकर निर्णय लें, ताकि आपको अपने निर्णय पर पछताना न पड़े। आपके अन्दर सोच-समझकर निर्णय लेने की शक्ति है। मैं तो सिर्फ इतना कहूँगा कि आप अपनी शक्ति को पहचानें और समस्त बिन्दुओं पर सोच-समझकर निर्णय लें।

आप किसी भी विषय पर बेहतर निर्णय ले सकते हैं। किसी भी परिस्थिति में निर्णय ले सकते हैं। आप किसी भी स्थिति और परिस्थिति में निर्णय लेने हेतु स्वतंत्र हैं और हर परिस्थिति में निर्णय लेने की शाक्ति आपके अन्दर है। आप केवल इस बात का ध्यान रखें कि जो निर्णय आपको लेने हैं, उस सन्दर्भ में आप दूसरों को निर्णय न लेने दें और न ही दूसरों के निर्णय पर निर्भर रहें। यदि आप ऐसा नहीं करते हैं तो इसका मतलब है कि आपको खुद पर विश्वास नहीं है। आप निर्णय लेने के योग्य नहीं हैं और न ही आपको इस अद्‌भुत शक्ति की महत्ता ज्ञात हैं। जब आपको खुद पर विश्वास नहीं होगा तो आप सही निर्णय कैसे ले पाएँगे? सही निर्णय लेने हेतु आपको खुद पर विश्वास करना होगा। यदि आपको खुद पर तथा ईश्वर प्रदत्त शक्तियों पर विश्वास नहीं होगा तथा इस बात का अहसास नहीं होगा कि आप दुनिया के अन्य प्राणियों से श्रेष्ठ हैं, ऐसी स्थिति में आप खुद और दूसरों के बारे में बेहतर निर्णय कैसे ले पाएँगे? आप अपनी श्रेष्ठता कैसे साबित कर पाएँगे? आपको खुद की अनमोलता एवं श्रेष्ठता साबित करने के लिए सही निर्णय लेने होंगे और निर्णय लेने के योग्य बनना होगा।

याद रखें—

निर्णय लेना एक सोची-समझी रणनीति है, जो आपके सुनहले भविष्य का दरवाजा खोलती है। यह आपको बेहतर जीवन जीने तथा जीवन का औचित्य साकार करने में मदद करती है। आपकी काबलियत की पहचान दूसरों को कराती है।

ध्यान रखें—आपके हर एक निर्णय की प्रसांगिकता खुद और दूसरों के लिए महत्त्वपूर्ण है। यदि आपका निर्णय यथोचित एवं समयानुकूल है, तो आपके द्वारा लिया गया निर्णय सिर्फ आपको नहीं, बल्कि आपके परिवार एवं समाज को प्रभावित करता है। यह आपके कार्य क्षेत्र एवं निर्णय की व्यापकता पर निर्भर करता है कि आपका निर्णय कितना सामयिक, तार्किक एवं सारगर्भित है।

याद रखें—

"जितना अच्छा निर्णय उतनी बेहतर परिणति और जितना बड़ा निर्णय उतना, बड़ा प्रभाव।"

अतः महत्त्वपूर्ण यह है कि आपका निर्णय कितना तार्किक एवं सार्थक है। यदि आपका निर्णय वर्तमान परिस्थितियों एवं भविष्य को ध्यान में रखकर लिया गया है, तो आपका निर्णय तार्किक एवं सार्थक है। निश्चित रूप से आपका निर्णय प्रसांगिक है और आप निर्णय लेने के योग्य हैं। आपको निर्णय लेने की शक्ति एवं निर्णय लेने की सार्थकता का अहसास है। आप सुन्दर व्यक्तित्व के मालिक हैं और आपका निर्णय खुद और दूसरों के लिए महत्त्वपूर्ण है। आपके अन्दर निर्णय लेने की क्षमता है, इसका मतलब है कि आपको अपनी शक्ति का अहसास है। आपको इस बात की समझ है कि निर्णय का महत्त्व जीवन को अनमोल बनाने के लिए महत्त्वपूर्ण है।

याद रखें—

इस जीवन की श्रेष्ठता साबित करने के लिए आपको अच्छे निर्णय लेने होंगे तथा निर्णय लेने के योग्य बनने होंगे। जो व्यक्ति निर्णय लेने के योग्य होते हैं और निर्णय लेने की महत्ता समझते हैं, उनका निर्णय सारगर्भित एवं देशहित में होता है। ऐसे व्यक्ति ही खुद की दशा बदलने एवं दूसरों को नई दिशा देने में कामयाब होते हैं।

ध्यान रखें—जिस व्यक्ति के अन्दर सारगर्भित निर्णय लेने की क्षमता होती है उसके व्यक्तित्व में बहुत सारे गुण स्वतः शामिल हो जाते हैं। जैसे—नेतृत्व करने की क्षमता, कुछ कर दिखाने का जज्बा, परिस्थितियों को समझने की परख, दुर्भावनाओं से ऊपर उठने की क्षमता के साथ-साथ उनके अन्दर दया, परोपकार, सहयोग एवं सद्भाव का भाव समाहित होता है। ठीक इसके विपरीत जिन व्यक्तियों के अन्दर निर्णय लेने की क्षमता नहीं होती और खुद के मामले में निर्णय हेतु दूसरों पर निर्भर रहते हैं, वे जीवन में बेहतर नहीं कर पाते हैं। उनका एक गलत निर्णय उन्हें सुमार्ग से कुमार्ग की ओर ले जाता है, जिसका बुरा प्रभाव खुद, परिवार तथा समाज पर पड़ता है।

याद रखें—बेहतर करने के लिए आपको खुद ही निर्णय लेने होंगे तथा निर्णय लेने के योग्य बनना होगा। यह आपका अधिकार है और यह अधिकार किसी दूसरों को न दें। आप खुद निर्णय लें और अपनी निर्णायक क्षमता को विकसित करें। जिससे आपका निर्णय सर्वमान्य हो।

याद रखें—

निर्णय लेने की क्षमता ही आपको विशिष्ट पहचान दिलाती है।

आप केवल अपने अन्दर छुपी शक्ति को पहचानें और खुद की क्षमता का अभिवर्धन करें। आप इसके लिए परमपिता परमेश्वर को धन्यवाद अर्पित करें कि उन्होंने आपको इस योग्य समझा और आपको विभिन्न शक्तियों से परिपूर्ण किया। सचमुच यह अनमोल जीवन ईश्वर की अनुपम कृति है, जिसकी जितनी तारीफ की जाय वह कम है।

क्या आपको मालूम है? निर्णय लेने की अद्‌भुत शक्ति सिर्फ मनुष्य को ही प्राप्त है। महत्त्वपूर्ण यह है कि आपके अन्दर निर्णय लेने की शक्ति कैसी है और आप खुद को निर्णय लेने के योग्य बना पा रहे हैं कि नहीं? अगर आप निर्णय लेने के योग्य हैं तो आपका एक निर्णय जीवन की दिशा एवं दशा बदल देता है। आपके जीवन में खुशियों का पैगाम लाता है। जीवन को हसीन एवं रंगीन बना देता है। आपका जीवन स्वर्ग बन जाता है। ठीक इसके विपरीत यदि आप सही निर्णय लेने के योग्य नहीं हैं और निर्णय लेने की क्षमता आपके अन्दर नहीं है तो आपका गलत निर्णय आपके जिन्दगी को गम में डुबो देता है। आपका जीवन दुखों से बोझिल बन जाता है।

ध्यान रखें—

आपका सही निर्णय सिर्फ आपको खुशी नहीं देता, बल्कि दूसरों की झोली को भी खुशी से भर देता है।

किसी भी व्यक्ति के अन्दर निर्णय लेने की शक्ति उसके जीवन की दिशा एवं दशा बदल देती है। आप इस शक्ति का सदुपयोग रचनात्मक दिशा में करें। ऐसा करके ही जीवन को बेहतर बना सकते हैं। मैं तो सिर्फ इतना कहूँगा कि आप निर्णय लेने के योग्य बनें और किसी भी विषय पर अच्छी तरह सोच-समझकर और ससमय निर्णय लें। निर्णय लेते समय सही-गलत, उचित-अनुचित, परिणति एवं प्रभाव का ध्यान जरूर रखें ताकि आपको अपने निर्णय पर पछताना न पड़े।

याद रखें—

गलत निर्णय करना और गलत निर्णय पर पश्चात्ताप करना जीवन की नियति नहीं है।

अगर आपका निर्णय गलत हो जाता है तो उसमें सुधार लाना बुद्धिमानी है। इसी प्रकार दुखद स्थिति में पड़े रहना जीवन की नियति नहीं है। जीवन की नियति है दुखद स्थिति से बाहर निकलने हेतु सोच-समझकर ससमय सही निर्णय लेना। हालात का रोना नहीं रोना बल्कि सही निर्णय लेकर आगे बढ़ना। अगर

आप मानते हैं कि जीवन अनमोल है तो जीवन की अनमोलता को कायम रखने के लिए महत्त्वपूर्ण है कि आप ससमय सही निर्णय लें और निर्णय लेने के योग्य बनें। आप सही निर्णय लेकर ही जीवन को सुखद, हसीन एवं रंगीन बना सकते हैं। आइये हम देखें कि विभिन्न परिस्थितियों में निर्णय लेने का महत्त्व क्या है? जैसे—आप कहीं जा रहे हैं और अचानक एक विशाल कोबरा आपके राह में आ जाता है। वह फुफकारते हुए खड़ा हो जाता है। आपके पास दो ही विकल्प हैं। आप कोबरा का मुकाबला करें या राह छोड़कर भाग जाएँ। अगर आप मुकाबला करने का निर्णय लेते हैं तो उस स्थिति में आपको निर्णय के प्रभाव की समीक्षा करनी चाहिए कि आपका निर्णय कितना सही है। यदि आपने मुकाबला करने का निर्णय ले लिया, परन्तु आपके पास कोबरा से मुकाबला करने का संसाधन नहीं है, उस स्थिति में सम्भव है कि आपको अपनी जान से भी हाथ धोना पड़े। दूसरी स्थिति यह होगी कि मुकाबला में आप कोबरा की जान ले लें। उस स्थिति में भी आपको कोई लाभ नहीं होगा। आप कहेंगे कि मैंने कोबरा का प्राण लेकर अपने प्राण की रक्षा की। यह सही हो सकता है, परन्तु इसकी सार्थकता प्रासंगिक नहीं है, क्योंकि आप एक विवेकशील प्राणी हैं। आपको किसी भी जीव का प्राण लेने का अधिकार नहीं है जब तक आपके प्राण को कोई हानि न पहुँचाए। आप उसके प्राण लेने या अपना प्राण देने की बजाय राह बदलकर अपने गंतव्य स्थान पर पहुँच सकते थे। यदि आप तार्किक एवं सार्थक निर्णय नहीं लेंगे, तो इस अनमोल जीवन की सार्थकता साबित नहीं कर पाएँगे।

एक और उदाहरण द्रष्टव्य है। आपका जन्म एक गरीब परिवार में हुआ है और आपके पास रहने को अच्छा घर और पहनने को अच्छे कपड़े नहीं हैं। ससमय अच्छा भोजन भी आपको नहीं मिलता है। उस स्थिति में भी आप कर्म पर नहीं भाग्य पर विश्वास करते हैं तो आप गरीब बने रहेंगे। आपको गरीबी से बाहर निकलने के लिए कड़ी मेहनत करने का निर्णय लेना होगा। आपको छोटे-छोटे सार्थक लक्ष्य का निर्धारण कर बड़े लक्ष्य की प्राप्ति का निर्णय लेना होगा। यदि आप हाथ-पर-हाथ रखकर बैठे रहेंगे कि दूसरा व्यक्ति हमारी गरीबी को अमीरी में बदलने का निर्णय लेगा और हम अमीर बन जाएँगे तो आप गरीबी से बाहर नहीं निकल पाएँगे। गरीबी से बाहर निकलने हेतु आपको खुद निर्णय लेने होंगे और सार्थक प्रयास करने होंगे। यदि आप अपनी शक्तियों पर विश्वास करते हुए कड़ी मेहनत करने का निर्णय लेते हैं तो आप गरीबी से बाहर निकल सकते हैं। ऐसा निर्णय सार्थक एवं प्रासंगिक है। ठीक इसके विपरीत यदि कोई व्यक्ति गरीब से अमीर बनने के लिए गलत रास्ते यथा चोरी-डकैती या अनैतिक

साधनों का प्रयोग कर अमीर बनने का निर्णय लेता है तो यह निर्णय गलत है। इस प्रकार का गलत निर्णय आपको अमीर बनाने के बजाय कारागार पहुँचा सकता है। आप खुद और दूसरों की नजर में गिर सकते हैं। आपके जीवन से सुख-शान्ति छिन जाएगी। आप चैन एवं शान्ति से जीवन नहीं जी पाएँगे। आपके मन में यह भय बना रहेगा कि कभी भी हमारी सच्चाई लोगों को मालूम हो जाएगी और उस स्थिति में आप समाज में मुँह दिखाने लायक नहीं रह जाएँगे। वैसी स्थिति में आपको अपने निर्णय पर पछताना होगा। ठीक इसके विपरीत जो व्यक्ति गरीबी से बाहर निकलने के लिए कड़ी मेहनत करने का निर्णय लेता है। अपने कर्म से भाग्य बदलने का निर्णय लेता है, वह समाज के लिए उदाहरण बन जाता है।

अंत में मैं कहना चाहता हूँ कि अगर आप जीवन में बार-बार असफल होते हैं, तो भी हार स्वीकार नहीं करें। हार की समीक्षा करें और हार से सीख लें। हार को जीत में बदलने का निर्णय लें और अपने निर्णय के प्रति संकल्पित बने रहें। यदि आप ऐसा नहीं करते और हार को स्वीकार कर लेते हैं, तो इस प्रकार का निर्णय गलत है। मेरे विचार से आपको असफलता के कारणों की विवेचना करनी चाहिए। असफलता के कारणों तथा सफल व्यक्तियों की जिन्दगी से सीख लेनी चाहिए। आपको अपनी दशा बदलने के लिए दिशा बदलनी चाहिए। किसी भी क्षेत्र में बार-बार असफल होने पर आपको क्षेत्र बदलने या असफलता के कारणों की समीक्षा कर उन खामियों को दूर करने का निर्णय लेना चाहिए। ऐसा निर्णय आपके और परिवार के हित में होगा। कहने का अभिप्राय यह है कि ईश्वर ने आपमें निर्णय लेने की शक्ति दी है, परन्तु आपको निर्णय लेने के योग्य खुद बनना होगा और निर्णय की सार्थकता सिद्ध करनी होगी।

याद रखें—

> *आपका हरेक निर्णय आपके जीवन की दिशा एवं दशा तय करता है। अतः निर्णय लेने में जल्दीबाजी न दिखाएँ, बल्कि सोच-समझकर निर्णय लें।*

कुछ कर दिखाने की शक्ति

दोस्तो! आपके अन्दर ईश्वर ने एक से बढ़कर एक अद्भुत शक्तियाँ दी हैं, जिनके बल पर आप जो चाहें, कर सकते हैं। जैसे—"कुछ कर दिखाने की शक्ति।" यह ऐसी शक्ति है, जिसे आप जानकर-पहचानकर असम्भव को सम्भव में बदल सकते हैं। आपको खुद की क्षमता एवं गुणों पर विश्वास होना चाहिए। आत्मविश्वास से परिपूर्ण व्यक्ति के लिए इस दुनिया में कुछ भी नामुमकिन नहीं है। हर नामुमकिन मुमकिन है, यदि आपको खुद पर तथा ईश्वरप्रदत्त शक्तियों पर विश्वास है। इस जहाँ में जितने भी असम्भव कार्य हुए हैं, उसे किसी न किसी मनुष्य ने ही किया है। असम्भव को सम्भव कर दिखाने की शक्ति आपके अन्दर है और ईश्वर ने यह शक्ति सिर्फ मनुष्य प्राणी को ही दिया है। अगर आपको इस शक्ति का अहसास एवं खुद पर विश्वास है, तो आप कुछ भी कर सकते हैं। कुछ कर दिखाने का जज्बा रखने वाले व्यक्ति ही जीवन में बेहतर कर पाते हैं और उन्हें ही यह जीवन अनमोल दिखता है। ऐसे व्यक्ति ही जीवन को अनमोल बना पाते हैं एवं खुद की सार्थकता साबित कर पाते हैं। अगर आपको इस शक्ति का अहसास नहीं है, तो आपको यह अनमोल जीवन भी बोझ लगेगा। दोस्तो! इस जीवन को बोझ नहीं, सुन्दर बनाएँ। अपने अन्दर छिपी शक्ति का अहसास करें और निहित शक्ति का सदुपयोग सकारात्मक दिशा और रचनात्मक कार्यों में करें।

हम सभी जानते हैं कि जिन्दगी जीने के लिए कार्य करने होते हैं और बिना कार्य किये जिन्दगी जी नहीं जा सकती। परन्तु महत्त्वपूर्ण यह है कि हमारे कार्य की सार्थकता खुद और दूसरों के लिए कितना महत्त्वपूर्ण है। अगर आपके कृत्य की सार्थकता खुद से ज्यादा दूसरों के लिए महत्त्वपूर्ण है, तो निश्चित रूप से आपको अपनी शक्ति का अहसास है। आपको इस अनमोल जीवन के मूल्य की समझ है और कुछ कर दिखाने की तमन्ना है। आपने देखा-सुना या किताबों में

पढ़ा होगा कि जिन व्यक्तियों के अन्दर कुछ कर दिखाने का जज्बा है, वे ही अपने जीवन में बेहतर कर पाते हैं। उनके कार्य करने का ढंग अलग होता है और उनका कार्य उत्कृष्ट एवं आम जनों के लिए हितकारी होता है। ऐसे व्यक्ति की प्रशंसा सर्वत्र होती है और उन्हें सर्वत्र मान-सम्मान मिलता है। आप भी ऐसा कर सकते हैं। आप भी मान-सम्मान एवं प्रशंसा पा सकते हैं। आप केवल बेहतर करने की सोच रखें, सदैव बेहतर करने का जज्बा रखें। आपके अन्दर कुछ कर दिखाने का जज्बा अतिरिक्त ऊर्जा, उमंग एवं उत्साह पैदा करता है, जिसे रचनात्मक कार्यों में लगाकर आप बेहतर कर सकते हैं। याद रखें—उसी व्यक्ति की पूजा होती है, जो दूसरे से अलग एवं रचनात्मक करते हैं। जो खुद के लिए नहीं, समाज के लिए करते हैं।

आप खुद से पूछें—आपने दुनिया को क्या दिया और दुनिया को देने के लिए क्या किया? आप लेने का नहीं देने का प्रयास करें। आप दूसरों को बेहतर कब दें पाएँगे जब आपके अन्दर कुछ करने की तमन्ना होगी एवं आपको इस अनमोल जीवन का मूल्य मालूम होगा। मैं तो सिर्फ इतना कहूँगा कि आप खुद को जानें कि आपके अन्दर कितनी शक्ति है और किन-किन शक्तियों का सदुपयोग आप बेहतर समाज निर्माण में करते हैं।

याद रखें—

आप अपने सपने को हकीकत में भी तब बदल सकते हैं, जब आपके अन्दर कुछ कर दिखाने की तमन्ना हो।

आप भी अपने सपने को हकीकत में बदलना चाहते हैं तो कुछ कर दिखाने का जज्बा रखें। हिम्मत नहीं हारें, धैर्य रखें। आपके अन्दर इतनी अपरिमित शक्ति है कि आप सिर्फ अपने सपने को नहीं, दूसरे के सपने को भी पूरा कर सकते हैं। आदमी पद से बड़ा नहीं कर्म से बड़ा होता है और उदाहरण वही व्यक्ति बन सकता है, जिसे कर दिखाने की शक्ति का अहसास हो और जो कुछ कर दिखाने का जज्बा रखता हो। ऐसा व्यक्ति ही अपने जीवन का इतिहास लिख पाता है। देहातों में यह लोकोक्ति बहुत ही प्रचलित है—"चाम नहीं, काम प्यारा होता है।"

कहने का आशय स्पष्ट है कि अगर आप बेहतर, उत्कृष्ट और जनकल्याणकारी कार्य करेंगे, तो सबों के प्यारे बन जाएँगे। परन्तु दुख की बात यह है कि प्राय: व्यक्ति को कर्म मूल्य की समझ नहीं होती है और न ही उसे अपनी शक्ति का अहसास होता है। ऐसे व्यक्ति को विश्वास ही नहीं होता है कि वह भी बेहतर कर सकता है। वह खुद को कमजोर, असमर्थ एवं निस्सहाय मानता है। आप खुद

सोंचे—जिस व्यक्ति को खुद पर विश्वास न हो, अपनी शक्ति का अहसास न हो, मूल्यों की समझ न हो, भला वह व्यक्ति जीवन में बेहतर कैसे कर सकता है?

आप गौर करें तो पाएँगे कि इसी दुनिया में कुछ ऐसे व्यक्ति मिलेंगे, जिन्होंने असम्भव को सम्भव कर दिखाया। कठिन-से-कठिन कार्य को बड़ी ही सहजतापूर्वक कर डाला। विषम परिस्थितियों में भी अवसर को खोज निकाला। इसका कारण है कि उन्होंने खुद की शक्ति को पहचाना, हालात का रोना नहीं रोया, बल्कि हालात का मुकाबला किया और हालात से बाहर निकल खुद को बेहतर साबित किया। ऐसे व्यक्ति के अन्दर ही कुछ कर दिखाने का जज्बा एवं दुनिया को बदलने की क्षमता होती है। आप भी ऐसा कर सकते हैं। आपको खुद पर विश्वास तथा अपनी शक्ति का अहसास होना चाहिए।

याद रखें—

हाथ पर हाथ रखकर बैठने से या भाग्य का रोना रोने से आपको अपनी शक्ति का अहसास नहीं होगा। आपको अपनी शक्ति की पहचान करनी होगी और निहित शक्ति की परीक्षा लेनी होगी।

आप किसी भी क्षेत्र की बात करें, चाहे वह क्षेत्र राजनीति का हो, कला का हो, विज्ञान एवं तकनीकी का हो, भू-तल, नभतल या जल तल का हो। इन क्षेत्रों में उन्हीं लोगों ने इतिहास रचा है, जिन्हें अपनी शक्ति का अहसास एवं खुद पर विश्वास था। ऐसे व्यक्ति एक से बढ़कर अनेक कारनामें कर, दूसरों को अचंभित कर देते हैं। ऐसी शक्ति हर व्यक्ति के अन्दर होती है। आप भी ऐसा कर सकते हैं। यह कोई आश्चर्य की बात नहीं है बल्कि आश्चर्य की बात है खुद की शक्ति को नहीं पहचानना।

याद रखें—

जिन व्यक्तियों को अपनी शक्ति का अहसास एवं खुद पर विश्वास होता है, वही इतिहास रचते हैं।

ठीक इसके विपरीत जिन व्यक्तियों के अन्दर कुछ कर दिखाने का जज्बा नहीं होता, वे आजीवन पछताते रहते हैं। शायद उन्हें नहीं मालूम होता कि मानव दुनिया के अन्य प्राणियों से श्रेष्ठ है और सर्वश्रेष्ठ प्राणी होने के नाते आपका यह कर्त्तव्य है कि आप बेहतर करके दिखाएँ। आप खुद की श्रेष्ठता साबित करें। यदि आप जीवन में अच्छा नहीं कर पाते, इसका मतलब है कि आप अपनी शक्ति को नहीं पहचानते हैं। आपको अपने अन्दर छुपी शक्तियों का एहसास नहीं है

और न ही खुद पर विश्वास है। जब आपको स्वयं पर विश्वास नहीं होगा तो यह सच्चाई है कि आप कुछ भी नहीं कर पाएँगे। ऐसे व्यक्ति खुद कुछ नहीं करते और असफल होने पर दूसरों पर दोष मढ़ देते हैं।

याद रखें—

दोषारोपण करना किसी समस्या का समाधान नहीं है, बल्कि समस्या को और विकराल बनाना है।

आप खुद पर विश्वास रखें और यह सोचें कि इस दुनिया में किसी भी व्यक्ति ने बेहतर कार्य किया है, तो मैं भी कर सकता हूँ। मेरे अन्दर भी असम्भव को सम्भव में बदलने की शक्ति है। आप केवल सोचें ही नहीं, बल्कि दूसरों से बेहतर करने का संकल्प लें और कर डालें। आपके अन्दर तो इतनी शक्ति है कि आप असम्भव को सम्भव कर सकते हैं। किसी भी विकट परिस्थिति से सहजतापूर्वक बाहर निकल सकते हैं, दूसरों से बेहतर कर सकते हैं। खुद और दूसरों के लिए नई राह बना सकते हैं। यदि आपके अन्दर कुछ कर दिखाने का जज्बा है। परमपिता परमेश्वर ने आपको यह अनमोल जीवन इसलिए दिया है कि आप बेहतर करें। इस जीवन का मूल्य समझें और अपने अन्दर छुपी शक्तियों को पहचानें। यदि कोई व्यक्ति विभिन्न प्रकार की प्रोग्रामिंग कर नाम कमा सकता है, गरीबी के दलदल से बाहर निकल अमीर बन सकता है, विभिन्न प्रकार की सुख सुविधाओं को हासिल कर सकता है, तो आप क्यों नहीं? आप भी ऐसा कर सकते हैं। आपके अन्दर भी समस्त विभूतियों को प्राप्त करने की शक्ति निहित है।

मेरा मानना है कि आप वह हर कार्य कर सकते हैं, जिसे आज तक किसी व्यक्ति ने नहीं किया है। आप कुछ भी कर सकते हैं, परन्तु आपको खुद पर विश्वास और आपके अन्दर कुछ कर दिखाने का जज्बा होना चाहिए। मेरी सलाह होगी कि आप किसी भी कार्य को करने के पहले उसका मूल्य समझें। कार्य की परिणति एवं प्रभाव की समीक्षा करें। कार्य की सार्थकता एवं औचित्य की मीमांसा करें। तदुपरान्त आप उस कार्य को कर डालें, अन्यथा आपकी यह अद्‌भुत शक्ति रचनात्मक की जगह विध्वंसक बन जाएगी। आपका यह अनमोल जीवन आनन्द की बजाय, नरक बन जाएगा।

ध्यान रखें—

आपके अन्दर कुछ कर दिखाने की शक्ति विध्वंसात्मक कार्यों को करने के लिए नहीं रचनात्मक कार्यों को करने के लिए मिली है।

जनोपयोगी कार्यों को करने के लिए मिली है। दीन-दुखियों की सेवा करने एवं जग कल्याण के लिए मिली है। इस जीवन के मूल्य को अनमोल बनाए रखने के लिए आपको अपनी शक्ति को पहचानना होगा। आप इस शक्ति का सदुपयोग करने के लिए ऊपर्युक्त बातों को याद रखें। भूलकर भी इस शक्ति का दुरुपयोग न करें। ऐसा कोई भी कार्य करने में अपनी शक्ति को न लगाएँ, जो नाम की जगह बदनामी का कारण बन जाय। ऐसा कोई कार्य न करें जिससे आप जगहँसाई का पात्र बन जाएँ। आपकी तुलना सर्वश्रेष्ठ प्राणी के रूप में न होकर निकृष्ट प्राणी के रूप में होने लगे। आप भूलकर भी ऐसा कोई कार्य न करें कि दूसरा कोई आपके नाम पर थूके। मेरा भी मानना है कि कोई भी व्यक्ति ऐसा नहीं चाहेगा। हर व्यक्ति चाहेगा कि लोग उनका नाम बड़े ही सम्मान के साथ लें और जीवन के ऊपरान्त भी याद रखें।

कहने का आशय है कि आपके अन्दर कुछ कर दिखाने की शक्ति है। इसका अभिप्राय रचनात्मक कार्यों से है, जन कल्याणकारी कार्यों से है। ऐसे कार्य से नहीं है, जिससे दूसरों का नुकसान हो।

याद रखें—

कर्म करना जीवन की नियति है, परन्तु अच्छा करना जीवन का सार।

आप हमेशा अच्छा करने की सोच रखें एवं अच्छा करें। अच्छा करने के लिए ही ईश्वर ने आपको अनमोल शक्ति दी है, ताकि आप अपना और जग का कल्याण कर सकें। मैं तो सिर्फ इतना कहूँगा कि आप कुछ भी करने के पूर्व सोचें-समझें और इस शक्ति का सदुपयोग सकारात्मक दिशा एवं रचनात्मक कार्यों में करें। किसी भी कार्य को करने या नहीं करने के सन्दर्भ में समुचित निर्णय लें। आपके अन्दर शक्ति की कमी नहीं है, सोच की कमी है। अगर आप जीवन में बेहतर नहीं कर पा रहे हैं, इसका मतलब है कि आपको अपनी शक्ति का अहसास नहीं है। आपको खुद पर विश्वास नहीं है। आप अपनी सोच को सकारात्मक एवं रचनात्मक नहीं बना पा रहे हैं। आप अपनी शक्ति का सदुपयोग कल्याणकारी कार्यों में नहीं कर पा रहे हैं। आपके अन्दर तो इतनी शक्ति है कि आप असम्भव को सम्भव में तथा विपरीत परिस्थिति को अनुकूल परिस्थिति में बदल सकते हैं। इस दुनिया में जितने भी बड़े-से-बड़े कार्य या असम्भव कार्य हुए हैं उन्हें किसी न किसी मनुष्य ने ही किया है। आप भी ऐसा कर सकते हैं। जरूरत है केवल अपने अन्दर छुपी शक्ति को पहचानने, निखारने एवं जाग्रत करने की। निहित शक्ति का सदुपयोग सकारात्मक दिशा एवं रचनात्मक कार्यों में करने की।

अपने अन्दर के आत्मविश्वास को जाग्रत करने की। कुछ कर दिखाने के जज्बा को बरकरार रखने की। दुर्भावनाओं से ऊपर उठकर निष्काम कार्य करने की। आप ऐसा करके देखें, आपको खुद समझ में आ जाएगा कि यह जीवन कितना अनमोल है और इसके अन्दर कितनी शक्ति छिपी हुई है, जिसका सदुपयोग कर आप खुद बेहतर कर सकते हैं और दूसरों को बेहतर बना सकते हैं।

दोस्तो! याद रखें, कुछ कर दिखाने का जज्बा ही हममें बेहतर पाने की ललक पैदा करता है। अगर हमारे अन्दर कुछ करने की ललक न हो तो हम कुछ भी नहीं कर पाएँगे हमारी शक्ति निरर्थक सिद्ध होगी और हमारा अनमोल जीवन मूल्यहीन बनकर रह जाएगा। कहा भी गया है—आप सपना जरूर देखें, परन्तु सो कर नहीं, जाग कर और सपने को हकीकत में बदलने के लिए निहित शक्ति का सदुपयोग करें। कहने का अभिप्राय है कि सपने को साकार करने तथा बेहतर पाने के लिए अपने अन्दर छुपी शक्ति को पहचानें और बेहतर करने का जज्बा रखें। ऐसा नहीं है कि जिन व्यक्तियों ने जीवन में बेहतर किया तथा इतिहास रचा है, उन्हें ईश्वर ने अलग से कोई शक्ति दी है। उन्हें भी वैसी ही शक्ति दी थी, परन्तु उन्होंने अपने अन्दर छिपी शक्ति को जाग्रत किया। निहित शक्ति को सकारात्मक दिशा में मोड़ा। उनके अन्दर कुछ कर दिखाने का जज्बा था और उन्होंने अपने जज्बे को रचनात्मकता में बदल डाला। नतीजा जीवन में इतिहास रच डाला। आप भी ऐसा कर सकते हैं। आप अपने जज्बा को बनाए रखें।

ऐसे बहुत सारे उदाहरण मिल जाएँगे, जो गरीबी में पले-बढ़े, शारीरिक संरचना भी अच्छी न थी, कद में भी बौना, दिव्यांग थे, परन्तु उन्होंने इतिहास रच डाला। अपना नाम इतिहास के पन्नों पर लिख डाले। वे साधारण से असाधारण एवं मानव से महामानव बन गए। उदाहरण के तौर पर नेपोलियन बोनापार्ट, अब्राहम लिंकन, रूजवेल्ट, महात्मा गांधी, नेल्सन मंडेला इत्यादि का नाम लिया जा सकता है। इन महाविभूतियों के अन्दर कुछ कर दिखाने का जज्बा था। इसका कारण था कि उन्होंने अपनी शक्ति को पहचाना और खुद की शक्ति को जाग्रत कर इतिहास रच डाला। आप भी ऐसा कर सकते हैं। खुद को पहचानें और अपनी शक्ति को जाग्रत कर बेहतर कर डालें। ऐसा करके आप दूसरों के लिए अनमोल बन जाएँगे।

ध्यान रखें—

अगर आपके अन्दर कुछ कर दिखाने का जज्बा नहीं है तो आप अनमोल जीवन प्राप्त करने के ऊपरान्त भी मूल्यहीन बनकर रह जाएँगे।

इसका कारण है कि जिनके अन्दर जीने की चाह एवं उत्साह नहीं होता,

वे निराशा के अँधेरे में डूबे रहते हैं। ऐसे व्यक्ति अनमोल जीवन की सार्थकता साबित नहीं कर पाते हैं।

याद रखें—

> *कुछ कर दिखाने का जज्बा ही हमें अपनी शक्तियों का अहसास कराता है।*

बेहतर पाने की ललक पैदा करता है। अत: बेहतर करने की चाह कदापि न छोड़ें। सदैव अच्छा करने एवं अच्छा बनने का जज्बा रखें। आप गौर करें तो पाएँगे कि इस दुनिया में ऐसे भी लोग थे, जिनके पास कोई संसाधन नहीं था, खाने को भरपेट भोजन नसीब नहीं था, परन्तु उनके अन्दर कुछ कर दिखाने का जज्बा था। नतीजतन वे गरीबी से बाहर निकल अमीर बन गए। आप बेहतर कर सकते हैं, अपनी श्रेष्ठता साबित कर सकते हैं। इसमें कोई सन्देह नहीं है, आप सिर्फ बेहतर करने एवं श्रेष्ठ प्रदर्शन का जज्बा रखें।

परिस्थितियों को परखने की शक्ति

हर व्यक्ति के जीवन में विभिन्न प्रकार की परिस्थितियाँ आती हैं। ये परिस्थितियाँ सुखद भी हो सकती हैं और दुखद भी। अनुकूल भी हो सकती हैं और प्रतिकूल भी। सामान्य भी हो सकती हैं और विपरीत भी। ऐसा भी नहीं है कि किसी व्यक्ति के जिन्दगी में केवल विकट परिस्थितियाँ ही आती हैं और ऐसा भी नहीं है कि विकट परिस्थितियों का सामना सिर्फ दुखी या गरीब व्यक्ति को ही करना पड़ता है। इन परिस्थितियों का सामना हर व्यक्ति को अपने जीवन में कभी-न-कभी, किसी-न-किसी रूप में करना पड़ता है। परिस्थितियों का आना-जाना जीवन एवं प्रकृति की नियति है। जिन्दगी में विभिन्न परिस्थितियाँ आएँगी और आप चाहकर भी परिस्थितियों को आने से रोक नहीं सकते। परिस्थितियाँ आएँगी और जाएँगी भी। इसके लिए परेशान होने की जरूरत नहीं है। आप परिस्थितियों को परखें-समझें और तदनुरूप कार्रवाई करें।

ध्यान रखें—

परिस्थितियाँ कितनी भी विपरीत क्यों न हों, आप उन परिस्थितियों से बाहर निकल सकते हैं।

परिस्थितियों से बाहर निकलने की क्षमता आपके अन्दर है। आप हर परिस्थिति का सामना हँसते-मुस्कुराते करें। आप परिस्थितियों को परखें और उत्पन्न हालात का सामना करें। आपके अन्दर परिस्थितियों को परखने की समझ एवं उससे बाहर निकलने का साहस होना चाहिए और यह शक्ति आपको ईश्वर प्रदत्त है। आपको खुद पर और ईश्वर प्रदत्त शक्तियों पर विश्वास करना होगा। ऐसा भी नहीं है कि व्यक्ति के जीवन में केवल सुखद परिस्थितियाँ ही आती हैं, दुखद परिस्थितियाँ नहीं आती हैं। या केवल दुखद परिस्थितियाँ ही आती हैं, सुखद परिस्थितियाँ नहीं आतीं। अन्तर केवल इतना है कि जो व्यक्ति विवेकी होते हैं

और जीवन को अनमोल मानते हैं, उनमें परिस्थितियों को परखने की समझ होती है। उत्पन्न हालात का मुकाबला करने का साहस होता है। यही कारण है कि वे हर परिस्थिति का सामना हँसते-मुस्कुराते करते हैं। ठीक इसके विपरीत जिस व्यक्ति के अन्दर परिस्थितियों को परखने की समझ नहीं होती है और जो जीवन से हताश एवं निराश होते हैं, वे उत्पन्न हालात में उलझकर रह जाते हैं। यह हार मानने के लिए नहीं, सीख लेने के लिए है।

आर. सी. प्रसाद सिंह के शब्दों में—

यह जीवन क्या है? निर्झर है,
मस्ती ही इसका पानी है।
सुख-दुख के दोनों तीरों से
चल रहा राह मनमानी है।

याद रखें—

परिस्थितियाँ कितनी भी प्रतिकूल क्यों न हों, वे हमारे लिए नया अवसर लेकर आती हैं।

हमारे अन्दर परिस्थितियों को परखने की समझ तथा अवसर को पहचानने की दूर दृष्टि होनी चाहिए। हम हर परिस्थिति से सीख ले सकते हैं क्योंकि यह हमारे लिए सीख बनकर आती है। हम परिस्थितियों से सीख लेकर ही परिपक्व बनते हैं और जीवन के विभिन्न आयामों को समझते हैं। प्रतिकूल परिस्थितियाँ भले ही कुछ देर के लिए हमारे बढ़ते हुए कदम को रोक दें, लेकिन हमें उत्पन्न हालात से बाहर निकलने से रोक नहीं सकतीं। किसी भी हालात से बाहर निकलने की शक्ति हमारे अन्दर है। जरूरत है केवल परिस्थितियों को परखने-समझने एवं तदनुरूप कार्रवाई करने की, अपनी शक्ति को पहचानने एवं खुद पर विश्वास करने की। आप ऐसा करके देखें, आपको हर परिस्थिति में अवसर दिखाई देगा। जिस अवसर को पहचान कर आप खुद दूसरों के लिए अवसर बन सकते हैं। परन्तु दु:ख की बात यह है कि प्राय: व्यक्ति उत्पन्न हालात को भाप नहीं पाता और धैर्य खो देता है। ऐसा व्यक्ति हालात से बाहर निकलने का साहस नहीं करता और हालात में उलझ कर रह जाता है। जब वह हालात में उलझ जाता है तो खुद को कोसता है और भाग्य का रोना रोता है। ऐसा व्यक्ति सुखद परिस्थिति में आनन्द एवं हर्ष की अनुभूति करता है और दुखद एवं प्रतिकूल परिस्थिति में खुद को असहाय महसूस करता है। दुखद परिस्थितियाँ आते ही वह अपने को भाग्यहीन एवं कर्महीन मानने लगता है। उसे लगता है कि जीवन में पहाड़ टूट पड़ा। ऐसा

व्यक्ति परिस्थितियों से बाहर निकलने का प्रयास नहीं करता और परिस्थितियों के भँवरजाल में उलझ जाने पर भाग्य या अन्य कारकों को दोषी मानता है। वह खुद को शक्तिहीन एवं श्रीहीन मानता है। इसका कारण है कि उसे खुद पर विश्वास नहीं होता और न ही परमपिता परमेश्वर द्वारा प्रदत्त शक्तियों पर। उसे लगता है कि हमारे अन्दर उतनी शक्ति नहीं है कि हम परिस्थिति से बाहर निकल सकें और अन्ततः वह जीवन से हार मान लेता है।

आप खुद सोचें—जिसे खुद पर तथा ईश्वर प्रदत्त शक्तियों पर विश्वास न हो, भला वह व्यक्ति दुखद हालात से बाहर कैसे निकल सकता है? वह परिस्थितियों का सामना कैसे कर सकता है? खुद के लिए नई राह कैसे बना सकता है? ऐसे व्यक्ति को लगता है कि मेरे लिए सारे रास्ते बन्द हो गए हैं। इस प्रकार की बातें उसे कमजोर बना देती हैं।

याद रखें—

परिस्थिति से हार मानना जीवन की नियति नहीं है। परिस्थिति से सीख लें और उत्पन्न हालात का सामना करने को तैयार रहें। आपको हर परिस्थिति में नए अवसर मिल जाएँगे।

ध्यान रखें—परिस्थितियाँ तुच्छ हैं। परिस्थितियाँ आती हैं और चली जाती हैं, परन्तु अपना प्रभाव छोड़ जाती हैं। महत्त्वपूर्ण यह है कि आप उसके प्रभाव से बाहर कैसे निकल पाते हैं? उत्पन्न हालात का सामना कैसे करते हैं—साहसी बनकर या कायर बनकर। मैं तो सिर्फ इतना कहूँगा कि विकट-से-विकट परिस्थिति में भी धैर्य न खोयें, इससे बाहर निकलने का कारगर प्रयास करें। आप धैर्य रखें, परिस्थितियों को परखें और उत्पन्न हालात का मुकाबला साहसपूर्वक करें। आप परिस्थिति के दास नहीं स्वामी हैं, जो व्यक्ति इस बात को जानता है और अपनी शक्ति को पहचानता है, वह विकट-से-विकट परिस्थिति का मुकाबला हँसते-मुस्कुराते करता है और उत्पन्न हालात से बाहर निकलने में सफल होता है। इसका कारण है कि वह उत्पन्न हालात को चुनौती के रूप में स्वीकार करता है। चुनौतियों से खेलना वरदान मानता है। उसे मालूम होता है कि चुनौतियों को स्वीकार करके ही वह बेहतर अवसर प्राप्त कर सकता है।

याद रखें—

जीवन में बेहतर करने और बेहतर पाने के लिए चुनौतियों को स्वीकार करना होगा।

ऐसा व्यक्ति परिस्थितियों को अच्छी तरह परखता है और परिस्थिति से उत्पन्न हालात को समझता है। तदुपरान्त परिस्थितियों से बाहर निकलने की राह बनाता है। उसे मालूम होता है कि परिस्थितियाँ सदैव एक जैसी नहीं रहेंगी। रात के बाद दिन होंगे और पतझड़ के बाद बसंत आएँगे। इसलिए वे परिस्थितियों से घबराते नहीं हैं, बल्कि परिस्थितियों से लड़ने का साहस विकसित करते हैं। ऐसे व्यक्ति ही जीवन में बेहतर करते हैं क्योंकि उनके अन्दर कुछ कर दिखाने का जज्बा एवं नया करने का उमंग एवं उल्लास होता है। उन्हें स्वयं पर एवं अपने अन्दर छुपी शक्तियों पर विश्वास होता है। इसलिए वे हिम्मत नहीं हारते, धैर्य रखते हैं। नतीजतन वे उत्पन्न हालात से बाहर निकलने में कामयाब होते हैं।

याद रखें—

जितनी बड़ी चुनौती, उतना बड़ा अवसर और जितना बड़ा अवसर, उतनी ही बड़ी सफलता।

विवेकी व्यक्ति सुखद एवं दुखद दोनों परिस्थितियों में समभाव से रहते हैं। इसका कारण है कि वे हर परिस्थिति से सीख लेने को उत्सुक रहते हैं। जो भी परिस्थितियाँ आती हैं, उससे उत्पन्न हालात को चुनौती के रूप में स्वीकार करने का साहस रखते हैं। उन्हें मालूम होता है कि दुखद परिस्थितियाँ सैदव नहीं रहेंगी, बल्कि दुख के बाद सुख आएगा और इस आशा में वे अपना काम निर्भीक होकर करते रहते हैं। दोस्तो—सुख और दुख जीवन की नियति है। सुखद स्थिति में अपने को भाग्यशाली मानना मूर्खता और दुखद स्थिति में स्वयं को भाग्यहीन समझना कायरता है। आप इस धरती पर कायर कहलाने या भाग्य का रोना रोने नहीं आए हैं। आप उत्कृष्ट कार्य करने आए हैं। आप परिस्थितियों से उत्पन्न हालात में उलझने नहीं, बल्कि हालात का सामना करने आए हैं। परिस्थितियों से सीख लेकर नई राह बनाने आए हैं। यह जीवन परिस्थितियों से उत्पन्न हालात में उलझने के लिए नहीं बाहर निकलने के लिए मिला है। चुनौतियों का सामना करने के लिए मिला है। चुनौतियों को स्वीकार कर आगे बढ़ने के लिए मिला है। परिस्थितियों से बाहर निकल सफलता का इतिहास रचने के लिए मिला है। आप परिस्थितियों का रोना रोने नहीं, बल्कि परिस्थितियों का मुकाबला करने एवं उत्पन्न हालात में नया अवसर ढूँढ़ने आए हैं। अत: परिस्थितियों से डरने की जरूरत नहीं, निडर होकर मुकाबला करने की जरूरत है। जो व्यक्ति ऐसा सोचते एवं करते हैं, वे विकट परिस्थिति को भी अनुकूल परिस्थितियों में बदल कर इतिहास रच डालते हैं।

आप गौर करें, तो पाएँगे कि प्रायः लोग विपरीत परिस्थिति में धैर्य खो देते हैं और हिम्मत हार जाते हैं। उनका साहस जवाब दे देता है। उन्हें लगता है कि हम उत्पन्न हालात से बाहर नहीं निकल सकते हैं। हमारे अन्दर चुनौतियों का सामना करने का साहस नहीं है। यही कारण है कि वे उत्पन्न हालात में उलझकर रह जाते हैं और हालात से बाहर नहीं निकल पाते हैं। वे यह नहीं सोच पाते कि आगत परिस्थिति एवं उत्पन्न हालात से बाहर कैसे निकला जाय? इसका सामना कैसे किया जाय? वे हालात से समझौता कर लेते हैं। उन्हें लगता है ईश्वर मुझसे नाराज हैं और दुर्भाग्य मेरे पीछे लग गया है। यह मेरा पीछा छोड़ने वाला नहीं है। आप खुद सोचें—

जो व्यक्ति हालात से बाहर निकलने की बात ही नहीं सोचेगा, हालात से बाहर निकलने का प्रयास ही नहीं करेगा, वह हालात से बाहर कैसे निकल पाएगा।

ऐसा भी नहीं है कि दूसरा व्यक्ति आपको हालात से बाहर निकाल देगा। आपको हालात से बाहर निकलने के लिए खुद पहल करनी होगी। खुद संघर्ष करने होंगे और आत्मविश्वास के साथ आगे बढ़ना होगा। आप ऐसा करके देखें—आप उत्पन्न हालात से बाहर निकलने में सफल होंगे।

जैसे—किसी व्यक्ति के जीवन में बड़ी दुखद घटना घट जाती है। इस हादसे में उसके परिवार की मौत हो जाती है। उस स्थिति में वह सोचता है कि मेरा सब कुछ लुट गया, अब मैं कुछ नहीं कर सकता। मेरा जीवन नरक बन गया। अब मैं जीकर क्या करूँगा? मैंने किसी का क्या बिगाड़ा था कि मेरे साथ इतनी बड़ी दुखद घटना घटी। ईश्वर भी हमसे रूठ गए हैं। इस प्रकार वह व्यक्ति नकारात्मक सोच-सोच कर परेशान हो जाता है। आप खुद सोचें—ऐसी स्थिति में व्यक्ति उत्पन्न हालात से बाहर कैसे निकल सकता है। यह बात सही है कि व्यक्ति के जीवन में कुछ ऐसी घटनाएँ अचानक घट जाती हैं, जिसकी कल्पना उसे भी नहीं होती। इस प्रकार की घटनाएँ भयावह एवं अविस्मरणीय होती हैं, जिसे चाहकर भी नहीं टाला जा सकता। जिन्दगी में बहुत सारी ऐसी घटनाएँ घटित होती हैं। जैसे—एकाएक बाढ़ आ जाना, बीच सड़क पर ऐक्सीडेंट हो जाना, जवान बेटे की मौत हो जाना, किसी भयंकर बीमारी की चपेट में आ जाना। निश्चित रूप से ऐसी घटनाओं से उत्पन्न हालात भयंकर एवं अति दुखद होते हैं। कोई भी व्यक्ति नहीं चाहता कि उसके साथ ऐसी घटना घटे, फिर भी घटनाएँ आए दिन घटित होती रहती हैं। हो सकता है कि इसमें आपका कोई दोष नहीं हो, परन्तु यह भी

सही है कि जो घटनाएँ घटित हो गईं, उन्हें रोका नहीं जा सकता। इस प्रकार की घटनाओं को रोक पाना हमारे वश में नहीं होता, लेकिन उत्पन्न हालात से बाहर निकलना हमारे वश में होता है। हम इन हालातों से बाहर निकल सकते हैं।

याद रखें—

जो घटनाएँ घटित हो चुकी हैं, उन पर आँसू बहाने से कोई लाभ नहीं है।

माथा पीटने या अपनी जान दे देने से भी कोई फायदा नहीं है। लेकिन घटित घटनाओं से सीख लेकर अपने भविष्य को सँवारा जा सकता हैं। भविष्य में आने वाले हालात से सावधान रहा जा सकता है। उत्पन्न हालात पर काबू पाया जा सकता है। नए अवसर की खोज कर जीवन की सार्थकता साबित की जा सकती है। परन्तु इस प्रकार के दुखद हालात से वही व्यक्ति बाहर निकल पाता है, जो धैर्यवान, सहनशील एवं विवेकी होता है तथा जिसके अन्दर परिस्थति को परखने की समझ होती है। जिसे खुद पर विश्वास होता है तथा अपनी शक्ति का अहसास होता है। ऐसा व्यक्ति सहजतापूर्वक उत्पन्न हालात से बाहर निकलने में सफल होता है। ठीक इसके विपरीत जिन व्यक्तियों के अन्दर परिस्थितियों को परखने की समझ नहीं होती। अनमोल जीवन के अन्दर छिपी शक्ति का अहसास नहीं होता। खुद पर विश्वास नहीं होता। साहस एवं धैर्य खो देते हैं। ऐसे व्यक्ति हालात में उलझकर रह जाते हैं और हालात का रोना रोते हैं।

याद रखें—

हालात पर रोना मूर्खता है। आप हालात पर आँसू बहाने नहीं, हालात से बाहर निकलने आए हैं।

ध्यान रखें—परिस्थितियाँ कैसी भी हों कितनी भी विकराल एवं विकट हों, उनको परखने एवं उत्पन्न हालात से बाहर निकलने की शक्ति आपके अन्दर है। आप किसी भी परिस्थिति से बाहर निकल सकते हैं, परन्तु इसके लिए प्रयास आपको खुद करने होंगे। उत्पन्न हालात की समीक्षा खुद करनी होगी। हालात से बाहर निकलने की इच्छाशक्ति तथा आगे बढ़ने के लिए कार्य-योजना खुद बनानी होगी। ऐसा भी नहीं है कि आपको हालात से दूसरा व्यक्ति बाहर निकाल देगा। वह आपको सलाह दे सकता है, राह दिखा सकता है, परन्तु हालात से बाहर निकलने के लिए खुद आगे बढ़ना होगा। बताई गई राह पर आपको खुद चलना होगा। अगर आपके अन्दर परिस्थितियों को परखने की समझ तथा उत्पन्न हालात

से बाहर निकलने का साहस नहीं है तो निश्चित रूप से आप परिस्थिति से बाहर नहीं निकल पाएँगे और उत्पन्न हालात में उलझकर रह जाएँगे।

याद रखें—

आप परिस्थिति में उलझने नहीं, बल्कि उत्पन्न हालात से बाहर निकलने आए हैं।

आप किसी भी हालात से बाहर निकल सकते हैं और किसी भी हालात को अपने मनोनुकूल मोड़ सकते हैं। जिन व्यक्तियों के अन्दर परिस्थितियों को परखने की समझ तथा हालात का मुकाबला करने का साहस होता है, वे हालात पर काबू पाने में सफल होते हैं। मैं तो सिर्फ इतना कहूँगा कि आप परिस्थितियों को परखें, उत्पन्न हालात को समझें, धैर्य रखें तथा बुद्धिमतापूर्वक उत्पन्न हालात का सामना करने को तैयार रहें। शायद आप नहीं जानते कि विकट परिस्थिति से बाहर निकलने का सबसे बड़ा मूलमंत्र—

धैर्य एवं संयम है। जो बाहर नहीं आपके अन्दर है।

आप इस शक्ति को पहचानें। जो व्यक्ति इस शक्ति को पहचान लेते हैं, वे ही उत्पन्न हालात से बाहर निकलने में सफल होते हैं। ठीक इसके विपरीत जो व्यक्ति अपनी शक्ति को नहीं पहचानते तथा धैर्य एवं संयम खो देते हैं, वे परिस्थिति की उलझन में उलझकर रह जाते हैं। नतीजा वे कभी खुद पर और कभी हालात पर आँसू बहाते रहते हैं। आप ऐसी गलती भूलकर भी न करें, अन्यथा अनमोल जीवन पाकर भी हँसी का पात्र बन जाएँगे।

आप एक चेतनशील प्राणी हैं और आपका यह कर्त्तव्य है कि उत्पन्न हालात पर सोचें-समझें। परिस्थितियों को परखें और हालात का मुकाबला करें।

याद रखें—

आप हालात में उलझने नहीं, हालात से बाहर निकलने आए हैं। आप केवल खुद के जीवन को सँवारने नहीं, दूसरों को भी सँवारने आए हैं। आप हिम्मत नहीं हारें, अपने जज्बे को बनाए रखें और हर परिस्थिति से सीख लेकर आगे बढ़ें।

जीवन में बहुत-सी परिस्थितियाँ आती हैं, जिनमें आपको चुनाव करने की आजादी नहीं होती है। आपको समझौते करने होते हैं। जैसे—दाम्पत्य जीवन, नाते-रिश्ते। आप देखेंगे कि दाम्पत्य जीवन में हमें बहुत सारे खट्ठे-मीठे अनुभव प्राप्त

होते हैं। यदि आपके अन्दर हर बात में मीन-मेख निकालने की आदत, एक-दूसरे के विचारों को सम्मान नहीं देने की आदत, सद्भावपूर्ण आचरण प्रदर्शित नहीं करने की आदत है, तो इस प्रकार की आदतें तनाव उत्पन्न करती हैं। धीरे-धीरे यह तनाव तकरार में बदलने लगता है। ऐसी स्थिति में यदि आप अपने मनोनुकूल चुनाव करेंगे तो परिस्थितियाँ विकराल बन जाएँगी। आप वैसी स्थिति को संभाल नहीं पाएँगे। अत: बुद्धिमानी यह है कि आप सुखद एवं सफल वैवाहिक जीवन जीने के लिए जीवन साथी के साथ समझौता कर सामंजस्य स्थापित करें। ये परिस्थितियाँ मानवजनित होती हैं। आप कृत्रिम परिस्थितियाँ उत्पन्न न करें। आप परिस्थितियों को परखें-समझें तदनुसार कार्रवाई करें। इसी में बुद्धिमानी है और हालात से बाहर निकलने का मंत्र है—प्रेम, सहयोग, सद्भाव एवं समझौता। आप इस मंत्र को हमेशा याद रखें।

सीखने एवं सिखाने की शक्ति

सीखना जीवन की नियति है और ईश्वर ने हमारे अन्दर सीखने की अद्भुत शक्ति दी है। यह शक्ति हर व्यक्ति को प्राप्त है। हम जटिल-से-जटिल प्रक्रिया को भी सहजतापूर्वक सीख सकते हैं। अगर हमारे अन्दर सीखने की प्रवृत्ति हो, सीखने की इच्छाशक्ति हो और सीखने की शक्ति का अहसास हो।

याद रखें—

सीखने की कोई उम्र, समय एवं परिस्थिति नहीं होती।

हम किसी भी उम्र में, किसी भी परिस्थिति में और किसी भी व्यक्ति से बहुत कुछ सीख सकते हैं। सीखने को जीवन की नियति बनावें और किसी भी व्यक्ति से सीखने में कोई संकोच नहीं करें चाहे वह व्यक्ति आपसे छोटा हो या बड़ा। आप हर व्यक्ति, हर वस्तु, हर घटना से कुछ-न-कुछ सीखने का प्रयास करें। सीखने की प्रवृत्ति आपको आगे बढ़ने में मदद करती है तथा जिन्दगी जीने का गुर सिखाती है। अतः सीखने को जीवन का मूलमंत्र बनाएँ। चाहे परिस्थितियाँ कितनी भी विकट एवं प्रतिकूल क्यों न हों, आप हर परिस्थिति से सीख लें। आप जीवन की किसी भी अवस्था में क्यों न हों, हर अवस्था में सीखने की इच्छा रखें। आप किसी भी हालात से क्यों न गुजर रहे हों, सीखने से जी न चुराएँ, बल्कि हर उम्र, हर परिस्थिति, हर व्यक्ति, वस्तु एवं घटना से सीखना जारी रखें।

ध्यान रखें—

किसी भी क्षेत्र में बेहतर करने एवं बेहतर पाने के लिए सीखना जरूरी है।

सीखने का नाम ही जीवन है और मनुष्य के अन्दर सीखने की शक्ति अनमोल है। आप कुछ भी सीख सकते हैं और कभी भी सीख सकते हैं।

याद रखें—

सीखने की प्रक्रिया कभी समाप्त नहीं होती, बल्कि जन्म से लेकर मृत्यु तक निरन्तर चलती रहती है।

आप सीखने की इच्छाशक्ति रखें। आप गौर करें तो पाएँगे कि व्यक्ति जन्म से ही सीखना शुरू कर देता है। हमारे संतों एवं दार्शनिकों का मानना है कि मनुष्य गर्भावस्था में ही सीखना शुरू कर देता है, जिसका उदाहरण अभिमन्यु का सन्दर्भ है, जिसकी चर्चा महाभारत में की गई है। कहने का आशय है कि जब व्यक्ति जन्म लेता है तो उसे विभिन्न तत्वों से संघर्ष करना पड़ता है। वह विभिन्न प्रकार की बैक्ट्रिया, वायरस, गुरूत्वाकर्षण शक्ति, वायुमंडलीय दबाव और विपरीत वातावरण का सामना करता है, परन्तु हार नहीं मानता। विभिन्न संघर्षों के दौर से गुजरते हुए प्रतिकूल माहौल में भी वह अपने को समायोजित करने की कला सीखता है। यही कारण है कि वह स्वयं को जीवित रख पाता है।

इस प्रकार हम देखते हैं कि बच्चे विपरीत माहौल में भी जिन्दगी जीने का गुर सीखते हैं और आगे बढ़ते हैं। जब बच्चा बड़ा होता है, तो वह बोलना एवं चलना सीखता है। चलने के क्रम में वह गिरता और उठता है और गिरने-उठने के क्रम से ही वह चलना सीख पाता है। तीन-चार साल की उम्र में वह पढ़ना लिखना सीखता है। इस प्रकार वह प्रतिदिन कुछ-न-कुछ सीखता है। ऐसा नहीं है कि चलने-बोलने, या विपरीत परिस्थितियों में सामंजस्य स्थापित करने की कला केवल मनुष्य ही सीखता है। इन कार्यों को अन्य प्राणी भी करते हैं परन्तु उनमें और हममें अन्तर यह है कि हम हर चीज सोच-समझकर सीखते हैं। सीखने की सार्थकता पर विचार करते हैं और उसका उपयोग बेहतर जीवन जीने में करते हैं। हमारे अन्दर सीखने की अद्भुत शक्ति है, जिस कारण हम गूढ़ से गूढ़ बातें भी जल्दी ही सीख जाते हैं। सीखने की कला ही हमें बेहतर करने और आगे बढ़ने में मदद करती है। यह हमें जिन्दगी जीने का गुर सिखाती है और इस कला का सदुपयोग करके ही हम असम्भव को सम्भव कर दिखाते हैं। सीखने की अद्भुत शक्ति ही हमें अनमोल बनाती है।

अगर हमारे अन्दर सीखने की शक्ति नहीं होती तो हम कुछ भी नहीं कर पाते। हमें इस शक्ति को पहचानना होगा तथा इसका सदुपयोग बेहतर प्राप्ति के

लिए करना होगा। यदि हम सीखने की प्रक्रिया की बात करें, तो पाते हैं कि हम पढ़कर, सुनकर, देखकर और कार्यों को खुद से कर के बहुत-सी बातें सीखते हैं। विभिन्न विद्याओं के बारे में पढ़कर, सुनकर जानकारी हासिल करते हैं। हम सीखने की इन विभिन्न विधियों के माध्यम से ही विभिन्न क्षेत्रों में ज्ञान हासिल करते हैं और प्राप्त ज्ञान को विवेक में बदल कर उस क्षेत्र में बेहतर करते हैं।

याद रखें—

किसी भी क्षेत्र में बेहतर करने के लिए सीखना जरूरी है।

बेहतर सीखने के लिए सैद्धान्तिक एवं व्यावहारिक दोनों प्रकार के ज्ञान का होना आवश्यक है। जैसे—बहुत-सी बातें हम पढ़कर सीखते हैं और बहुत-सी बातें देखकर सीखते हैं। बहुत-सी बातें सुनकर सीखते हैं और बहुत-सी बातें हम करके सीखते हैं। अगर सीखने में आप केवल सैद्धान्तिक विधि का प्रयोग करेंगे तो जीवन में बेहतर नहीं कर पाएँगे। कहने का आशय है कि सीखने के लिए सैद्धान्तिक एवं व्यावहारिक ज्ञान का होना आवश्यक है।

याद रखें—

सीखना जीवन की नियति है, परन्तु अच्छी बातों को सीखना जीवन का सार।

विचारणीय बिन्दु यह है कि हम क्या सीखें, कैसे सीखें, कब सीखें और क्यों सीखें? हमारे सीखने का औचित्य क्या है? हमारा सीखना खुद और दूसरों के लिए कितना महत्त्वपूर्ण है? इस तरह के प्रश्नों पर सोचने-समझने के लिए ही ईश्वर ने हमें दिमाग दिया है, ताकि हम सोच-समझकर बेहतर सीख सकें। क्या सीखें और क्या नहीं सीखें के सन्दर्भ पर निर्णय ले सकें। हम इस शक्ति का सदुपयोग करके ही बेहतर सीख सकते हैं और जैसा चाहे बन सकते हैं। हमें सिर्फ इस बात का ध्यान रखना है कि हम जो भी सीखें, सार्थक सीखें और सीखने की सार्थकता साबित करें। हमारा सीखना खुद और दूसरों के लिए कितना सार्थक एवं लोक कल्याणकारी है, उपयोगी एवं रचनात्मक है इस पर विचार करें। यही ज्यादा महत्त्वपूर्ण है। अगर हम ऊपर्युक्त बातों को ध्यान में रखकर सीखते हैं तो हमारा सीखना सार्थक होता है और हम जीवन में बेहतर कर पाते हैं। हम जीवन का औचित्य साकार करने में सफल होते हैं। ठीक इसके विपरीत यदि हम ऊपर्युक्त बातों पर ध्यान नहीं देते और जो मन में आता है, वह सीखते हैं तो यह सार्थक नहीं होता है। अत: बेहतर सीखने के लिए ऊपर्युक्त बातों को आत्मसात् करें।

ध्यान रखें—

किसी भी क्षेत्र में बेहतर करने के लिए सीखना जरूरी है। बेहतर पाने के लिए सीखना जरूरी है। सीखने का कोई विकल्प नहीं होता। आप सीखने के लिए सदैव तैयार रहें और अच्छी बातों को सीखने में जी न चुराएँ।

याद रखें—

सीखने के लिए उम्र, समय का कोई बंधन नहीं होता और न ही परिस्थितियाँ बाधक होती हैं। अगर बाधक है तो हमारे अन्दर सीखने की इच्छाशक्ति का नहीं होना।

मैं तो सिर्फ इतना कहूँगा कि आप सीखने की इच्छाशक्ति रखें और सीखने को जीवन की नियति बनाएँ। इस दुनिया में सीखने के लिए बहुत-सी चीजें भरी पड़ी हैं। अगर आप सीखना चाहें, तो प्रकृति की गोद में स्थित समस्त जीव-जन्तुओं तथा पेड़-पौधों से बहुत कुछ सीखा जा सकता है। नदी, पहाड़, झील-झरने से बहुत कुछ सीखा जा सकता है। सीखने की अद्‌भुत शक्ति आपके अन्दर है और आप जो चाहते हैं, सीख सकते हैं। मेरे विचार से आप दुनिया में स्थित हर वस्तु से सीखें, प्रकृति में स्थित प्राणियों से सीखें, समस्त पेड़-पौधों से सीखें और हर परिस्थिति से सीखें। मेरी सलाह होगी कि आप जो भी सीखें सकारात्मक एवं रचनात्मक सीखें। खुद और जग के कल्याणार्थ सीखें, ज्ञान एवं विवेक बढ़ाने के लिए सीखें। खुद अच्छा करने और समाज को बेहतर बनाने के लिए सीखें। जरा सोचें—यदि आपके अन्दर यह अद्‌भुत शक्ति नहीं होती तो चाहकर भी आप कुछ नहीं सीख पाते। आप पशु की तरह जिस खूँटे में बँधे होते, वहीं के होकर रह जाते और दूसरा जैसा नचाता, वैसा ही नाचते। शायद आपको कोई कुछ सिखाता भी नहीं और न ही सीखने के लिए बाध्य करता। आप इस शक्ति का महत्त्व समझें और इस शक्ति का सदुपयोग जीवन को सुखद एवं सफल बनाने के लिए करें।

ध्यान रखें—

इस धरती पर हम बेहतर करने एवं बेहतर पाने के लिए आए हैं।

बेहतर करने एवं बेहतर पाने के लिए सीखना आवश्यक है। बिना सीखे आप बेहतर जीवन नहीं जी सकते और न ही दूसरों का कल्याण कर सकते हैं। इस दुनिया में जितने भी व्यक्ति सफल हुए हैं, जीवन का औचित्य साकार किये

हैं या अपने जीवन का इतिहास लिखा है, उन सभी ने सीखने को जीवन का मूलमंत्र बनाया। उन्हें मालूम था कि बेहतर पाने के लिए बेहतर सीखना होगा। परन्तु दुख की बात यह है कि अधिकांश व्यक्ति सीखना ही नहीं चाहते। उनके अन्दर सीखने की अभिरुचि नहीं होती। ठीक इसके विपरीत जिनके अन्दर सीखने की इच्छाशक्ति होती है, वे हर कार्य को बड़ी ही बारीकी से सीखते हैं। आज भी सामान्य कार्यों के सम्पादन हेतु अलग से कोई शिक्षा नहीं दी जाती है। विशिष्ट कार्यों को करने के लिए ही विशिष्ट शिक्षा दी जाती है। इसके लिए बच्चों की अभिरुचि देखी जाती है और जिस बच्चे की अभिरुचि जिस क्षेत्र में होती है, उसी क्षेत्र में उसे विशिष्ट जानकारी दी जाती है, ताकि वे बेहतर सीखें और बेहतर करें। जैसे—जीव विज्ञान की शिक्षा वर्ग 8 से दी जाती है, लेकिन जो बच्चे इसी क्षेत्र में बेहतर करना चाहते है, उन्हें इण्टर के बाद चिकित्सा क्षेत्र में बेहतर करने के लिए विशिष्ट शिक्षा दी जाती है। तदुपरान्त वे डॉक्टर बनकर मरीजों का बेहतर इलाज करते हैं। इसी प्रकार गणित एवं भौतिकी विज्ञान की शिक्षा वर्ग 8 से ही दी जाती है, लेकिन जिन बच्चों की अभिरुचि इन विषयों में ज्यादा होती है और इस क्षेत्र में बेहतर करना चाहते हैं। उन्ही बच्चों को इस क्षेत्र में बेहतर करने के लिए उच्च शिक्षा एवं तकनीकी शिक्षा दी जाती है, ताकि वे बेहतर सीख सकें। कहने का आशय है कि किसी भी क्षेत्र में बेहतर करने के लिए बेहतर सीखना जरूरी है।

आप गौर करें, तो पाएँगे कि सीखने की प्रक्रिया बाल्यावस्था से ही प्रारंभ हो जाती है और आजीवन चलती रहती है। जैसे—बाल्यावस्था में ही बच्चों को रहने का ढंग, बोलने का ढंग, चलने का ढंग, खाने का ढंग सिखाया जाता है। कुछ बड़े होने पर उन्हें पढ़ने का ढंग एवं पढ़ने का महत्त्व सिखाया जाता है। खेलने का ढंग एवं खेलने का महत्त्व, बताया जाता है। उन्हें कर्त्तव्यों की जानकारी एवं मूल्यों के बारे में सिखाया जाता है। कहने का आशय है कि जीवन जीने तथा जीवन का औचित्य साकार करने के लिए सीखना आवश्यक है। जरा सोचें—यदि आपके अन्दर सीखने की शक्ति नहीं होती, तो आप चाहकर भी कुछ नहीं सीख पाते। आप इस अनमोल शक्ति को व्यर्थ में जाया मत करें। इस अनमोल शक्ति का सदुपयोग जीवन को सजाने एवं सँवारने में करें, सुन्दर व्यक्तित्व निर्माण में करें। दूसरों के कल्याण में करें, जीवन के औचित्य को साकार करने में करें। दीन-दुखियों की सेवा में करें। महान बनने की शिक्षा यही है कि आप सीखने की इच्छा कभी न छोड़ें। वास्तव में महानता बाहर नहीं, स्व के अन्दर निहित होती है। जो व्यक्ति अपने स्व को पहचान लेता है, अपने अन्दर निहित श्रेष्ठ बीजों को देख लेता है और उन्हें अंकुरित करने में सफल होता है, वही व्यक्ति महान बनता है।

मेरे विचार से बच्चों को सिर्फ सैद्धान्तिक शिक्षा नहीं, बल्कि व्यावहारिक शिक्षा भी दी जानी चाहिए। जीवन-दर्शन एवं जीवन के औचित्य की शिक्षा दी जानी चाहिए, व्यक्तित्व निर्माण एवं जीवन के विभिन्न आयाम तथा जीवन जीने की कला सम्बन्धी शिक्षा दी जानी चाहिए, ताकि वे जीने का ढंग, रहने का ढंग, बोलने का ढंग, चलने का ढंग, कार्य करने का ढंग सीख सकें। अगर व्यक्ति को जीने का, रहने का, बोलने का, चलने का ढंग मालूम न हो तो फिर सैद्धान्तिक शिक्षा से प्राप्त ज्ञान का कोई औचित्य नहीं होगा। ज्ञानी होने के बाद भी व्यक्ति अज्ञानी कहलाएगा। अतः महत्त्वपूर्ण यह है कि आप खुद व्यावहारिक ज्ञान प्राप्त करें और बच्चों को भी व्यावहारिक जिन्दगी जीने की कला सिखाएँ।

आप क्या बनना चाहते हैं—असफल या सफल। अच्छा आदमी या बुरा आदमी। साधारण आदमी या असाधारण आदमी। सब कुछ आपके सीखने की कला पर निर्भर करता है। आप जैसा सीखेंगे वैसा बनेंगे। आप क्या सीखना चाहते हैं और सीखने का अर्थ एवं औचित्य क्या समझते हैं, यह ज्यादा महत्त्वपूर्ण है।

ध्यान रखें—

आप जैसा सीखेंगे और सीखने का सदुपयोग जितना सार्थक कार्यों में करेंगे, उतना ही बेहतर बनेंगे।

सीखना आपको है और सीखने की शक्ति भी आपके अन्दर है। आप अपनी शक्ति को पहचानें और इसका सदुपयोग रचनात्मक कार्यों एवं जन कल्याणार्थ करें। जो व्यक्ति सीखने का औचित्य समझते हैं और हमेशा कुछ-न-कुछ सीखते हैं, वे ही जीवन में बेहतर कर पाते हैं। ठीक इसके विपरीत जो व्यक्ति सीखने की शक्ति को नहीं पहचानते या पहचानकर भी सीखने की इच्छा नहीं रखते हैं, वे जीवन में बेहतर नहीं कर पाते। इसका कारण है कि वे अपने समय एवं ऊर्जा का सदुपयोग नई-नई बातों को जानने एवं सीखने में नहीं करते हैं। ऐसे लोग यह नहीं समझ पाते कि जीवन अनमोल है तो कैसे?

सही मायने में यह जीवन उन्ही व्यक्तियों के लिए अनमोल है, जो सीखने को जीवन की नियति मानते हैं, हर सजीव एवं निर्जीव तथा हर घटना से सीख लेने को तत्पर होते हैं। उन्हें मालूम होता है कि बिना सीखे हम जीवन की अनमोलता साकार नहीं कर सकते। ऐसे व्यक्ति ही नित्य प्रतिदिन कुछ-न-कुछ सीखते हैं और सीखने की सार्थकता सिद्ध कर जीवन को अनमोल बना पाते हैं। यही कारण है कि वे जीवन में बेहतर करते और बेहतर पाते हैं, शेष तो जिन्दगी जैसे-तैसे जीते रहते हैं। आइए हम उदाहरण के तौर पर देखें कि यदि व्यक्ति सीखना चाहे, तो

एक वृक्ष से क्या-क्या सीख सकता है। हम सभी जानते हैं कि किसी भी वृक्ष की उत्पत्ति एक छोटे से बीज से होती है। वह अंकुरण के ऊपरान्त ही भू-तल से जल और सूर्य से प्रकाश प्राप्त कर अपना भोजन स्वयं बनाता है। प्रचंड गर्मी हो या ढंडी सब कुछ सहन करते हुए भी नित्य आगे बढ़ता रहता है। वह कभी भी भीषण ठंड एवं प्रचण्ड गर्मी की शिकायत दूसरों से नहीं करता है। उसकी डालियाँ एवं पत्ते प्रचंड गर्मी में भी मुस्कुराते रहते हैं और अपने पास आनेवाले को शीतलता प्रदान करते हैं। वह वायुमंडल से दूषित कार्बनडाई-ऑक्साइड ग्रहण कर शुद्ध ऑक्सीजन देते हैं, जो अन्य जीव जन्तुओं के लिए उपयोगी होता है। वह फूल एवं फल भी अपने लिए नहीं, दूसरों के लिए देता है। फलों से लदने पर भी वह अभिमान नहीं करता, बल्कि और झुक जाता है कि दूसरा उसके फल का सदुपयोग कर सकें। इस प्रकार हम देखते हैं कि एक वृक्ष से हम बहुत-सी बातें सीख सकते हैं।

- यह जीवन दूसरों के कल्याण करने के लिए मिला है।
- यह जीवन विकट से विकट परिस्थिति में भी मुस्कुराने के लिए मिला है।
- यह विपरीत परिस्थिति में धैर्य नहीं खोने की सीख देता है।
- यह सिखाता है कि परिस्थितियाँ आगे बढ़ने में बाधक नहीं, बल्कि इच्छाशक्ति की कमी बाधक है।
- खुद कष्ट में रहकर भी दूसरों के कल्याण करना ही जीवन का उद्देश्य है।
- सम्पदा प्राप्त होने पर अभिमानी नहीं, विनम्र बनने की सीख देता है।
- यह सिखाता है कि आप सिर्फ अपने लिए नहीं, दूसरों के लिए जिएँ।
- यह सीख देता है कि जाति, धर्म, वर्ग, व्यक्ति विशेष के आधार पर कोई विभेद न करें।
- दूसरों की बुराई लेकर भी आप उन्हें अच्छाई दें।

इस प्रकार हम देखते हैं कि यदि हम सीखना चाहें तो पेड़-पौधे एवं प्रकृति में स्थित अन्य जीव-जन्तुओं एवं वस्तुओं से बहुत कुछ सीखकर जीवन को और अनमोल बना सकते हैं। जीवन का उद्देश्य भी है—खुद की सार्थकता साबित करना।

नई राह दिखाने की शक्ति

हम सभी जानते हैं कि जीवन अनमोल है और इस अनमोल जीवन के अन्दर दिव्य प्रकाश स्थित है। जिस दिन हम अपने अन्दर के दिव्य प्रकाश को देख लेंगे, उसी दिन केवल अपने लिए नहीं, बल्कि दूसरों के लिए भी नई राह बनाने में सफल होंगे। हम दूसरों को भी आगे बढ़ने के लिए नई राह दिखा पाएँगे। मैं तो सिर्फ इतना कहूँगा कि आप अपने अन्तः स्थित दिव्य प्रकाश पुंज को देखें। अपने अन्दर स्थित दिव्य प्रकाश को देखने के लिए महत्त्वपूर्ण यह है कि आप अपने अन्दर के अँधेरे को दूर करें और प्रकाश को बाहर निकालें। खुद प्रकाशमान बन दूसरों को प्रकाशित करें। जिस दिन आप अपने अन्दर के प्रकाश को देख लेंगे, आप दूसरों के लिए अनमोल बन जाएँगे। आप ऐसा कर सकते हैं, इस सन्दर्भ में कोई संशय नहीं रखें और न ही किसी प्रकार का सन्देह करें। ऐसी शक्ति आपके अन्दर है। आप खुद को जानें और अपनी शक्ति को पहचानें। खुद तथा ईश्वर पर विश्वास करें। जो व्यक्ति ऐसा करता है, वही व्यक्ति खुद के लिए नई राह बना पाता है और दूसरों को नई राह दिखा जाता है। ऐसा नहीं है कि जिन लोगों ने खुद के लिए नई राह बनाई और दूसरों को नई राह दिखाई, उनके अन्दर ईश्वर ने कोई विशिष्ट शक्ति प्रदान की। उन्हें भी हमारे जैसे ही बनाया, परन्तु उनमें और हममें अन्तर यह है कि उन्होंने अनमोल जीवन में छुपी शक्ति को पहचाना, अन्तः करण में छुपे सौन्दर्य को देखा और हम ऐसा नहीं कर पाए।

आप गौर करें तो पाएँगे कि नई राह दिखाने की शक्ति हर व्यक्ति में होती है, लेकिन वही व्यक्ति नई राह दिखा पाता है, जो खुद को पहचानता है और अपनी शक्ति पर विश्वास करता है। अपने अन्दर दिव्यता की लौ जलाता है और खुद प्रकाशित होकर दूसरों को प्रकाशित करने की सोच रखता है। कहने का आशय है

कि खुद और दूसरों को नई राह दिखाने के लिए पहले खुद को प्रकाशित करना होगा। नकारात्मकता को सकारात्मकता में बदलकर हर परिस्थिति में नए अवसर की खोज करनी होगी। भाग्य या संसाधनों की कमी का रोना नहीं, बल्कि खुद अपने हाथों अपनी तकदीर लिखनी होगी। यह तो आपका सौभाग्य है कि ईश्वर ने आपको मानव योनि में जन्म लेने के योग्य समझा और विभिन्न शक्तियों से नवाजा। विभिन्न शक्तियों से परिपूर्ण होने के ऊपरान्त भी यदि आप बेहतर नहीं कर पाते, खुद के लिए नई राह नहीं बना पाते तो इसमें दूसरों का क्या दोष? दोष तो आपका है कि आप इस अनमोल जीवन में छिपी शक्तियों को पहचान नहीं पाते और नैसर्गिक गुणों को निखार नहीं पाते।

ध्यान रखें—

नई राह वही व्यक्ति दिखा सकता है, जो इस अनमोल जीवन का मूल्य समझता है।

कर्म को जीवन की नियति मानता है और कर्म का मूल्य समझता है। अपने समय के हर पल का प्रबंधन रचनात्मक कार्यों में करता है और समय की कीमत समझता है। अपने अन्दर छुपी शक्तियों को पहचानता है। जिसके अन्दर नेतृत्व करने की क्षमता हो, चुनौतियों को स्वीकार करने का साहस हो, उत्पन्न हालात से मुकाबला करने का क्षमता हो। जो सिर्फ अपने कल्याण की बात नहीं, जग-कल्याण की बात करता है। ऐसे व्यक्ति को खुद और दूसरों का मूल्य मालूम होता है। वह खुद का औचित्य समझता है और मानव जीवन को अनमोल मानता है। उनके अन्दर परिस्थितियों को परखने की समझ तथा हालात से मुकाबला करने का साहस होता है। ऐसे व्यक्ति विकट परिस्थिति में भी धैर्य नहीं खोते, बल्कि नए अवसर का निर्माण करते हैं। वे भाग्य पर नहीं, कर्म पर विश्वास करते हैं। नतीजा वे खुद का इतिहास रच जाते हैं। आप भी ऐसा कर सकते हैं। खुद और दूसरों के लिए नई राह बना सकते हैं, यदि आपको खुद पर तथा ईश्वर प्रदत्त शक्तियों पर विश्वास है। अत: महत्त्वपूर्ण यह है कि आप खुद पर विश्वास रखें और कर्मयोगी बनें।

आप गौर करें तो पाएँगे कि इस दुनिया में जितने भी व्यक्ति महान बने हैं वे अपनी शक्ति को पहचानकर, सार्थक श्रम कर, अच्छे लोगों की संगत कर तथा अर्जित ज्ञान को विवेक में बदलकर ही ऐसा कर पाये हैं। ऐसे व्यक्तियों ने संसाधनों की कमी का रोना नहीं रोया, गरीबी को अभिशाप नहीं वरदान माना। कड़ी मेहनत की और सार्थक संघर्ष को सफलता का मूल मंत्र माना। इस दुनिया

में ऐसे अनेक व्यक्ति मिल जाएँगे, जो इतिहास रचकर दूसरों के लिए सीख बन गए। उनके कृत्य दूसरों के लिए उदाहरण बन गए। उनकी लिखी हुई पंक्ति, दूसरे व्यक्ति के जीवन की दिशा एवं दशा बदल दी। उनकी कही हुई बातें दूसरों को नई राह दिखा गई। ऐसे व्यक्ति की संगत हमारे अन्दर अतिरिक्त ऊर्जा एवं उत्साह का संचार कर जाता है, जो उनके खुद के होने का औचित्य समझा जाती है। ऐसा नहीं है कि जो महान हैं, ईश्वर ने उन्हें कोई अद्वितीय शक्ति दी। उनके पास भी हमारे जैसी ही शक्ति थी। अन्तर यह है कि उन्होंने खुद का मूल्य समझा और अपनी शक्ति को पहचाना। ठीक इसके विपरीत जो व्यक्ति अपनी शक्ति को नहीं पहचानते, वे भाग्य का रोना रोते रहते हैं और गरीबी एवं संसाधनों की कमी का बहाना बनाते रहते हैं। ऐसे व्यक्ति सार्थक लक्ष्य का निर्धारण नहीं करते, कड़ी मेहनत नहीं करते और असफलता हाथ लगने पर दूसरों पर दोष मढ़ देते हैं। आप खुद सोच सकते हैं कि जिस व्यक्ति ने लड़ने से पूर्व हार मान ली हो, वह दूसरों को नया राह कैसे दिखा सकता है। ऐसे व्यक्ति जीवन से हताश एवं निराश रहते हैं यही कारण है कि वे जंग जीतने के पहले ही हार मान लेते हैं। ऐसे व्यक्ति खुद को भाग्यहीन, असमर्थ एवं नि:सहाय मानते हैं। यही कारण है कि उन्हें यह अनमोल जीवन भी बोझ लगता है और जिन्दगी में केवल दुख-ही-दुख दिखाई देता है।

आप खुद सोचें—जो व्यक्ति पहले ही हार स्वीकार कर चुका हो। बहानेबाजी एवं दोषारोपण करना जिसकी आदत बन गई हो, भला वह जीत का स्वाद कैसे चख सकता है? इसी प्रकार जिसे खुद पर विश्वास न हो और अपनी शक्ति का अहसास न हो, भला वह व्यक्ति दूसरों को कैसे राह दिखा पाएगा? ऐसा व्यक्ति तो खुद जीवन से हताश एवं निराश हो चुका होता है। उसके जीवन में केवल अँधेरा ही अँधेरा दिखाई देता है। ऐसे व्यक्तियों को महापुरुषों की जीवनी एवं विचार नई राह दिखाने में समर्थ है। ऐसे व्यक्ति किसी महान व्यक्ति की जीवनी पढ़कर किसी अच्छे लेखक की पुस्तक पढ़कर, अच्छे लोगों की संगत में आकर अपनी निराशा को आशा में तथा दुखद स्थिति को सुखद स्थिति में बदल सकता है। अच्छे लोगों की संगत, महापुरुषों की जीवनी उसके जीवन में नई राह दिखा जाता है। उन्हें अपनी शक्ति पर विश्वास होने लगता है। महापुरुषों के विचार एवं कर्म उनके जीवन में उत्प्रेरक का कार्य करते हैं। जो उनके सुसुप्त शक्तियों को जाग्रत कर यह विश्वास दिलाते हैं कि एक राह खत्म हो गई तो निराश होने की जरूरत नहीं है। हजारों राहें खुली हैं, जिन पर चलकर आप बेहतर कर सकते हैं। नतीजा वे अपनी असफलता को सफलता में तथा निराशा को आशा में बदलने

में कामयाब होते हैं। आप भी ऐसा कर सकते हैं। जरूरत हैं, केवल खुद को पौजिटिव बनाए रखने तथा अपनी ऊर्जा को रचनात्मक दिशा में लगाने की।

ध्यान रखें—

आप निराशा के अँधेरे में न खोएँ, आशा की लौ जलाये रखें।

उमंग एवं उत्साह को बनाए रखें। आप निराशा में जीवन जीने नहीं आए हैं। आप उदासी के साये में जीवन जीने या भाग्य का रोना रोने नहीं आए हैं। आप तो खुद और दूसरों को नई राह दिखाने आए हैं। नए अवसर का निर्माण करने आए हैं। अगर आप खुद अँधेरे में खो जाएँगे, गरीबी, भाग्य और असफलता का रोना रोते रहेंगे तो दूसरों को राह कैसे दिखा पाएँगे? आपका यह जीवन अनमोल है, इसका मूल्य समझें। आप इस धरती पर असम्भव को सम्भव करने आए हैं। ज्ञान का प्रकाश जलाने आए हैं। खुद और दूसरों के लिए नई राह बनाने आए हैं। आप विकट-से-विकट परिस्थिति में धैर्य रखें और उत्पन्न हालात का मुकाबला साहसपूर्वक करें। आप हालात का रोना रोने नहीं, हालात से बाहर निकलने आए हैं। काँटों भरी राह को खुशबू युक्त बनाने आए हैं। आप केवल अपनी स्थिति सुधारने नहीं, दूसरों की स्थिति को भी सुधारने आए हैं। आपके अन्दर इतनी शक्ति है कि आप प्रतिकूल परिस्थिति को अनुकूल परिस्थिति में बदल सकते हैं। विकट परिस्थिति में भी नए अवसर की तलाश कर दूसरों के लिए अवसर बन सकते हैं। काँटों भरी राह को गुलाबों से सजा सकते हैं और दूसरों के लिए खुशबू बन सकते हैं। इतनी शक्ति आपके अन्दर है, जरूरत है अपनी शक्ति को पहचानने एवं खुद पर विश्वास रखने की।

याद रखें—

एक रास्ता बंद होता है, तो हजारों रास्ते खुले रहते हैं। आप अपनी आँखें खोले रखें।

आपका जन्म गरीब परिवार में हुआ है, तो क्या हुआ? आपको कोई नई राह दिखानेवाला नहीं है, तो क्या हुआ? आपके पास संसाधनों की कमी है, तो क्या हुआ? आप दुनिया के सर्वश्रेष्ठ प्राणी हैं और आपके अन्दर चेतना है, आशा है, उमंग एवं उत्साह है। आपके पास सोचने-समझने की शक्ति है, कुछ कर दिखाने का जज्बा है। आपके अन्दर निर्णय लेने की क्षमता है। आप इस शक्ति की भव्यता को स्वीकार करें। अपनी दिव्यता का दर्शन कर खुद और दूसरों के लिए नई राह बनाएँ। आप आगे बढ़कर तो देखें, आपकी राह में एक से बढ़कर

अनेक सुन्दर फूल खिले मिलेंगे। बहुत सारे अवसर पलक बिछाये मिलेंगे लेकिन उन फूलों को आपको खुद चुनना होगा। अवसर को खुद गले लगाना होगा।

याद रखें—

आपको यह अनमोल जीवन खुद को पहचानने, अवसर को गले लगाने एवं नया राह बनाने के लिए मिला है।

आप अगर संसाधनों की कमी और गरीबी का रोना रोते रहेंगे तो आजीवन रोते रह जाएँगे। आपको कोई पूछनेवाला नहीं मिलेगा। मेरा आपसे विनम्र अनुरोध है कि आप खुद को जानें-पहचानें और अपना मूल्य समझें। जब तक आप अपना मूल्य नहीं समझेंगे, तब तक आपका मूल्य दूसरा नहीं समझेगा। जीवन के औचित्य को साकार करने तथा खुद की सार्थकता साबित करने के लिए भी आपको अपने मूल्य समझने होंगे और मूल्यों के साथ चलना होगा। आपको आम नहीं, खास बनना होगा। परम्परागत राह से हटकर नए रास्ते बनाने होंगे। आप ऐसा कर के देखें, आपकी जिन्दगी सफल होगी और आप दूसरों के लिए आदर्श एवं उदाहरण बन जाएँगे।

उपर्युक्त तथ्यों से स्पष्ट है कि कोई भी व्यक्ति नई राह बना सकता है और दूसरों को नई राह दिखा सकता है। परन्तु विचारणीय बिन्दु यह है कि कौन व्यक्ति ऐसा कर सकता है? मेरा मानना है कि यह काम वह हर व्यक्ति कर सकता है, जिसे अपनी शक्ति का अहसास होता है। जिसकी सोच सकारात्मक एवं कृत्य रचनात्मक होते हैं। जिसके अन्दर कुछ कर दिखाने का जज्बा होता है। जिसे मालूम होता है कि यह जीवन अनमोल है और इसके अन्दर असीम शक्तियाँ छिपी हुई हैं। जिसे यह समझ है कि यह जीवन बारम्बार नहीं मिलेगा। यह हमें बड़े ही सौभाग्य से प्राप्त हुआ है। इस अनमोल जीवन का औचित्य ही है—"दीन-दुखियों की सेवा करना, दूसरों का कल्याण करना।" इसके अन्दर ईश्वर प्रदत्त वे समस्त विशेषताएँ मौजूद हैं, जो एक सफल व्यक्ति और महान व्यक्ति में होती है। इन विशेषताओं के सहारे हम जैसा चाहें, बन सकते हैं और जो चाहें कर दिखा सकते हैं। ऐसे अनगिनत उदाहरण मिल जाएँगे, जिन्होंने खुद के लिए नई राह बनाई और दुनिया को नई राह दिखाई। उनके दिखाए मार्ग पर चलकर हजारों लोगों की जिन्दगी बदल गई। आज भी उनके मार्ग पर हजारों अनुयायी चलकर जीवन की दशा बदलने में सफल हो रहे हैं। उदाहरण स्वरूप आप बौद्ध धर्म के संस्थापक गौतम बुद्ध, जैन धर्म के संस्थापक भगवान महावीर, सिख धर्म के संस्थापक गुरू गोबिन्द सिंह इत्यादि को ले सकते हैं।

आप गौर करें, तो पाएँगे कि इसी धरती पर अनेक व्यक्ति मिल जाएँगे, जिन्होंने गरीबी एवं संसाधनों की कमी का रोना नहीं रोया, गरीबी को अभिशाप नहीं, वरदान माना तथा संसाधनों की कमी को दुर्भाग्य नहीं, सौभाग्य माना। गरीबी में रहकर भी एक-से-बढ़कर एक कारनामें कर दिखाए। ऐसे व्यक्तियों ने केवल खुद का इतिहास नहीं लिखा, खुद के लिए नई राह नहीं बनाई, बल्कि पूरी दुनिया को नई राह दिखाने का कार्य किया। उनके बताये मार्ग पर चलकर हम विकास की ईबारत लिखने में सफल हुए। अगर वे भी संसाधनों की कमी एवं गरीबी का रोना रोते तो समाज को नई दिशा नहीं दे पाते। वे समाज को नई राह दिखाने में सफल इसलिए हुए कि उन्होंने खुद को पहचाना तथा अपनी शक्ति को जागृत किया। आज हम विकास एवं प्रगति की नई कहानी इसलिए लिख पा रहे हैं कि हमारे पूर्वजों ने बेहतर सोचा और नई-नई राहें दिखाईं।

आप खुद सोचें—अगर हमारे पूर्वज हाथ पर हाथ रखकर बैठे रहते, सोच को व्यापक नहीं बनाते, नए-नए अवसरों का निर्माण नहीं करते तो क्या हम आज भी खानाबदोश की जिन्दगी नहीं जी रहे होते? क्या हम गगनचुम्बी इमारतें बना पाते, चाँद पर पहुँच पाते? भूगर्भ में छिपी विभिन्न सम्पदाओं की खोज कर पाते? विज्ञान एवं तकनीक के क्षेत्र में नई उड़ानें भर पाते। क्या हम मानव सभ्यता का इतिहास लिख पाते? क्या हम गुलामी की दासता से बाहर निकल पाते? क्या हम खुद का औचित्य साकार कर पाते? हम ऐसा नहीं कर पाते। हम ऐसा इसलिए कर पाए कि हमने अपनी शक्ति को पहचाना। आज हमने विभिन्न क्षेत्रों में प्रगति का इतिहास लिखा है, नई राह बनाई है, इसलिए कि हमने महापुरुषों के बनाए मार्ग पर चलकर खुद के अन्दर छिपी शक्ति को पहचाना। आप भी अपनी सोच बदलें और कुछ नया कर दिखाएँ, जिन व्यक्तियों ने सोच को बदला और अपनी शक्ति को पहचाना, वे खुद सफल बने और दूसरों के लिए नई राह बना गए।

उदाहरणस्वरूप—राष्ट्रपिता महात्मा गांधी को ले सकते हैं। उन्होंने पूरी दुनिया को बताया कि सत्य एवं अहिंसा के सहारे भी हम जंग जीत सकते हैं, आजादी प्राप्त कर सकते हैं। आजादी प्राप्त करने के लिए दूसरों की हत्या एवं झूठ बोलने की जरूरत नहीं है। इस मार्ग पर वे खुद चलकर देश को अजादी दिलाने में सफल रहे। अफ्रीकी राष्ट्रपति नेल्सन मंडेला ने बताया कि रंग भेद के आधार पर किसी व्यक्ति के साथ किसी प्रकार का विभेद करना मानवता के नाम पर कलंक है। इस प्रकार हम देखते हैं कि राष्ट्रपिता एवं नेल्सन मंडेला

ने दुनिया को नई राह दिखाने का कार्य किया। महात्मा बुद्ध ने बताया कि सभी दुखों की जड़ इच्छा है। भगवान महावीर ने भी जीवन का औचित्य सत्य, अहिंसा के मार्ग पर चलना बताया। इसी प्रकार विज्ञान, तकनीकी, चिकित्सा आदि क्षेत्रों में भी महान विभूतियों ने नई राह दिखाने का कार्य किया और उन महापुरुषों के बताए मार्ग पर चलकर ही हम अपने आपको एवं समाज को बेहतर बना पाए हैं।

अगर आप इतिहास पर गौर करें, तो पाएँगे कि हर क्षेत्र में प्रगति का इतिहास रचने तथा नई राह दिखाने का कार्य किसी-न-किसी व्यक्ति ने ही किया है। आप खुद सोंचे कि यदि कोई व्यक्ति दूसरों को नई राह दिखा सकता है, तो आप क्यों नहीं? आपके अन्दर भी उतनी ही शक्ति है, फिर आप ऐसा क्यों नहीं कर पा रहे हैं। मेरे विचार से इसका एक मात्र कारण है—आपके अन्दर दृष्टि, द्रष्टा एवं संकल्प का अभाव। आपने अपनी सोच को नहीं बदला, जहाँ थे, जैसे थे, उसे बदलने की दृष्टि नहीं थी। आपके अन्दर बदलाव को स्वीकार करने का द्रष्टा एवं बेहतर कर दिखाने का संकल्प नहीं था। यही कारण है कि आप कुछ भी नया नहीं कर पाये। अभी भी कुछ नहीं बिगड़ा है। आप खुद की सोच एवं दृष्टि बदलकर देखें, अपने अन्दर छिपी शक्ति का अहसास करके देखें, उन शक्तियों को बाहर निकाल कर और उनकी परीक्षा लेकर देखें। आप अच्छा महसूस करें, अच्छा बनें और अच्छा करके देखें। आप खुद के लिए क्या दूसरों के लिए भी नई राह बनाने में सफल होंगे।

अगर आप हजार-दो हजार वर्ष पीछे जाएँ, तो पाएँगे कि उस समय एक समाज के लोग दूसरे समाज के लोगों को और एक देश के लोग दूसरे देश के लोगों को नहीं जानते थे। इसका कारण था कि उनके पास आधुनिक तकनीक एवं संचार तंत्र नहीं थे। आवागमन की सुविधाएँ उतनी विकसित नहीं थीं। एक दूसरे की सभ्यता, संस्कृति और विज्ञान तकनीक से लोग परिचित नहीं थे। परन्तु आज पूरी दुनिया में क्या हो रहा है, इसकी जानकारी हमें मिनटों में मिल जाती है। हम 24 घंटे के अन्दर विभिन्न देशों में भ्रमण कर पाने में सक्षम हैं। हम एक दूसरे को संकट काल में मदद पहुँचा सकते हैं। दूसरे देशों में जाकर विज्ञान तकनीकी या अन्य क्षेत्रों में हो रही प्रगति की जानकारी प्राप्त कर सकते हैं। आज हम चाँद पर जा रहे हैं और अन्य ग्रहों पर जाने की बात कर रहे हैं। इसका कारण है कि हमने अपनी सोच बदली और खुद तथा दूसरों के लिए नई राह बनाने की दिशा में संकल्पित हुए। हमने अपनी दृष्टि को बदलकर कुछ करने का संकल्प लिया और अपने द्रष्टा के साथ आगे बढ़ इतिहास रच डाला।

कहने का तात्पर्य यह है कि ये समस्त कार्य किसी-न-किसी व्यक्ति ने ही किये क्योंकि उन्होंने खुद की शक्ति को पहचाना। स्वयं को तथा ईश्वर प्रदत्त शक्ति पर विश्वास रखते हुए आगे बढ़े और खुद की अनमोलता साबित की। यही कारण है कि वे खुद और दूसरों को नई राह दिखाने में सफल रहे। दूसरों की नजर में नजीर बन गए। आप भी ऐसा कर सकते हैं और आपके अन्दर भी इतनी शक्ति है। जरूरत है केवल सोच बदलने की तथा अपने अन्दर छुपी शक्तियों को पहचानने एवं रचनात्मक दिशा में समय का सदुपयोग करने की। जो व्यक्ति ऐसा कर पाते हैं, उसी के लिए जीवन अनमोल है और ऐसे ही व्यक्ति दुनिया के लिए अनमोल बन जाते हैं।

गरीब से अमीर बनने की शक्ति

दोस्तो! अगर आपका जन्म गरीब परिवार में हुआ है तो क्या हुआ? आप गरीबी की दलदल से बाहर निकल अमीर बन सकते हैं। गरीब से अमीर बनने की शक्ति आपके अन्दर है। आप अपनी शक्ति को पहचानें और खुद का मूल्य समझें। सचमुच आप गरीब से अमीर बनना चाहते हैं तो अपने अन्दर की खामियों को खूबियों में बदलें। सार्थक संघर्ष एवं कड़ी मेहनत करें और समय के हर पल का प्रबंधन रचनात्मक कार्यों में करें। आप ऐसा करके देखें, आपको अमीर बनने से कोई रोक नहीं पाएगा। आप ऐसा कर सकते हैं, इसमें कोई सन्देह नहीं है। आप खुद पर तथा ईश्वर प्रदत शक्तियों पर विश्वास रखें। गरीबी तो बहुत छोटी बात है, आप तो असम्भव को सम्भव कर सकते हैं। खुद का इतिहास लिख सकते हैं। अच्छे-अच्छे गुणों को धारण कर सुन्दर व्यक्तित्व का मालिक बन सकते हैं। उत्पन्न हालात को चुनौती के रूप में स्वीकार कर नए अवसर की तलाश कर सकते हैं। आप खुद और दूसरों के लिए नई राह बना सकते हैं।

याद रखें—

गरीबी का रोना रोने से आप अमीर नहीं बन जाएँगे। भाग्य में लिखा होगा आप अमीर नहीं बन पाएँगे, ऐसी बात नहीं है और न ही कोई दूसरा आपको अमीर बना सकता है। गरीबी की हालत से बाहर निकलने के लिए आपको खुद बाधाएँ पार करनी होंगी। खुद पर विश्वास रखते हुए कड़ी मेहनत करनी होगी। सोच को बदलना होगा तथा बेहतर कर दिखाने का जज्बा रखना होगा।

ध्यान रहे—किसी व्यक्ति का जन्म गरीब परिवार में हो या अमीर परिवार में यह उसके वश में नहीं है, लेकिन गरीब से अमीर बनना उसके वश में है।

कोई भी गरीब व्यक्ति अमीर बन सकता है। गरीबी की हालात से बाहर निकल सकता है। अगर वह यह संकल्प ले कि मैं गरीबी में जीने के लिए अभिशप्त नहीं हूँ। मैं गरीबी में नहीं रहूँगा, गरीबी से बाहर निकल कर रहूँगा। ऐसे व्यक्ति गरीबी के दलदल से बाहर निकलने में सफल होते हैं। ठीक इसके विपरीत जो व्यक्ति गरीबी का रोना रोते हैं, अपनी गरीबी के लिए भाग्य को दोष देते हैं या दूसरों पर दोषारोपण करते हैं, वैसे व्यक्ति गरीबी से बाहर नहीं निकल पाते हैं। वे आजीवन गरीबी का दंश झेलने के लिए अभिशप्त होते हैं। ऐसे व्यक्ति कदापि गरीबी से बाहर नहीं निकल पाते हैं न ही दूसरा व्यक्ति उसे गरीबी से निजात दिला सकता है। गरीबी से बाहर निकलने के लिए उसे खुद दृढ़ संकल्पित होना होगा। खुद प्रयास करने होंगे। अपनी शक्ति को पहचानना होगा तथा कड़ी मेहनत करनी होगी। ऐसा नहीं है कि कोई व्यक्ति कड़ी मेहनत नहीं करे, अच्छे गुणों को ग्रहण न करे, ससमय कार्य नहीं करे, अकर्मण्य बना रहे और अमीर बनने की आशा रखे, तो वह अमीर बन जाएगा। आप खुद सोचें भला वैसा व्यक्ति अमीर कैसे बन पाएगा, जो खुद कुछ करना नहीं चाहता हो और अमीर बनने का सपना देखता हो?

ऐसा भी सम्भव नहीं है कि कोई व्यक्ति सार्थक प्रयास नहीं करे, कड़ी मेहनत नहीं करें, खुद आगे नहीं बढ़े लक्ष्य निर्धारण एवं प्राप्ति हेतु कारगर उपाय नहीं करें, तो भी अमीर बन जाएगा या दूसरा व्यक्ति उसे अमीर बना देगा। अमीर बनने के लिए उसे खुद प्रयास करने होंगे। लक्ष्य निर्धारण एवं प्राप्ति के लिए कारगर प्रयास करने होंगे। अगर किसी व्यक्ति की मान्यता है कि मेरे भाग्य में लिखा होगा तो अमीर जरूर बनेंगे। ऐसा भी नहीं है कि कोई व्यक्ति मानता हो कि गरीबी उसके भाग्य में लिखा है, इसलिए अमीर नहीं बन सकता। इस प्रकार की अवधारणा गलत है। ध्यान रखें—यदि आपका भाग्य अच्छा नहीं है, तो दूसरा व्यक्ति आपका अच्छा भाग्य नहीं लिख देगा। अमीर बनने के लिए भी अच्छा भाग्य खुद आपको अपने हाथों लिखना होगा और ऐसा वही व्यक्ति कर सकता है, जो कर्मयोगी है और जिसे कर्म का मूल्य मालूम है।

याद रखें—

> *कर्मयोगी व्यक्ति जैसा चाहता है, अपना भाग्य लिख जाता है और गरीबी के दलदल से बाहर निकल अमीर बन जाता है।*

ऐसा नहीं है कि गरीब परिवार में जन्म लेने वाले व्यक्ति अमीर नहीं बने आजीवन गरीब बने रहे। कोई भी गरीब व्यक्ति अमीर बन सकता है। ऐसे बहुत

सारे उदाहरण मिल जाएँगे, जिनका जन्म गरीब परिवार में हुआ और आगे चलकर अमीर बन गए। अपने अन्दर अच्छे-अच्छे गुणों को धारण कर सुन्दर व्यक्तित्व के मालिक बन गए। खुद बेहतर कर दूसरों के लिए सीख बन गए। खुद के लिए राह बना कर और दूसरों को नई राह दिखा कर उदाहरण बन गए। खुद के लिए अवसर का निर्माण कर दूसरों के लिए अवसर बन गए। इसका कारण है कि उनके अन्दर कुछ कर दिखाने का जज्बा था, दृढ़ इच्छाशक्ति थी। उन्हें गरीबी से बाहर निकलने का सूत्र मालूम था। उन्हें मालूम था कि कड़ी मेहनत, आत्मविश्वास एवं समय का प्रबंधन कर हम अमीर बन सकते हैं। ऐसा उन्होंने केवल सोचा हीं नहीं, कर दिखाया और दूसरों के लिए उदाहरण बन गए। आप उदाहरण के तौर पर भारत के भूतपूर्व प्रधानमंत्री लालबहादुर शास्त्री, भूतपूर्व राष्ट्रपति डॉ. ए. पी. जे. अब्दुल कलाम, अफ्रीकी राष्ट्रपति नेल्सन मंडेला, अमेरिकी राष्ट्रपति अब्राहम लिंकन इत्यादि का नाम ले सकते हैं। ठीक इसके विपरीत आपको ऐसे व्यक्ति भी मिल जाएँगे जो अमीर परिवार में जन्म लेने के बावजूद निम्न व्यक्तित्व के मालिक बन गए। बाद के दिनों में अपनी जरूरतों को पूरा करने के लिए वे दूसरों का मोहताज हो गए। उनकी अमीरी गरीबी में बदल गई। इसका कारण है कि उन्होंने समय का मूल्य नहीं समझा, निहित धन का प्रबंधन रचनात्मक कार्यों में नहीं किया। अपने धन, बल एवं शक्ति का दुरुपयोग किया। वे संकीर्ण सोच से बाहर नहीं निकल पाये। उनके अन्दर रचनात्मक करने की इच्छाशक्ति नहीं थी और न ही संसाधन प्रबंधन की क्षमता थी। नतीजतन वे अमीर परिवार में जन्म लेने के ऊपरान्त भी गरीब बन गए।

उपर्युक्त तथ्यों से स्पष्ट है कि जिस व्यक्ति को जीवन का मूल्य एवं छुपी शक्ति का अहसास था, वह गरीबी में जन्म लेने के ऊपरान्त भी अमीर बन गया। ठीक इसके विपरीत जिन व्यक्तियों को अपने अन्दर छुपी शक्ति का अहसास नहीं था, वे अमीरी में जन्म लेकर भी गरीब बन गए। कहने का आशय है कि गरीब परिवार में जनम लेने वाला व्यक्ति भी अमीर बन सकता है। समस्त सुख-सुविधाओं की प्राप्ति कर सकता है। समस्त धन, बल एवं ऐश्वर्य को प्राप्त कर सकता है। अगर उसे खुद पर विश्वास हो, कुछ कर दिखाने का जज्बा हो और इसे मूर्त रूप देने की दृढ़-इच्छाशक्ति हो। अगर आप जन्मजात गरीब एवं जन्मजात अमीर व्यक्तियों में निहित गुणों की तुलना करें, तो पाएँगे कि गरीबी में जन्म लेने वाला व्यक्ति अमीर व्यक्ति से ज्यादा गुणी होते हैं। उनका आचरण एवं व्यवहार ज्यादा शिष्ट है। इसका कारण है कि वे अभावग्रस्त जिन्दगी से सीख लेते हैं। संसाधनों की कमी एवं अभाव की जिन्दगी उन्हें बहुत कुछ करने के लिए मजबूर करती

है। यही कारण है कि वे अपनी जिन्दगी में बहुत-सी गूढ़ बातें सीख जाते हैं और ढेर सारे अनुभव प्राप्त करते हैं।

याद रखें—

अनुभव ही सबसे बड़ा ज्ञान है।

अमीर परिवार में जन्म लेने वाला व्यक्ति आरामतलब हो जाता है। उनके पास अनुभव की कमी होती है। इसका कारण है कि उनके अधिकांश आवश्यकताओं की पूर्ति बिना हाथ-पैर चलाये हो जाती है, जिस कारण वे बहुत-सी बातें नहीं सीख पाते हैं। उसे अपनी आवश्यकताओं की पूर्ति हेतु कड़ी मेहनत नहीं करनी पड़ती है। नतीजतन अधिकांश जन्मजात अमीर व्यक्ति आलसी एवं अकर्मण्य बन जाते हैं। उन्हें फिजूलखर्ची की आदत पड़ जाती है। उसका मन बेकार की बातों में रम जाता है। वे अपना कीमती समय निरर्थक कार्यों में व्यतीत करते हैं। उन्हें अपनी जरूरतों के लिए खून पसीने नहीं बहाना होता है। नतीजतन वे कार्य एवं समय का मूल्य नहीं समझ पाते हैं। इस प्रकार उनके व्यक्तित्व में बहुत-सी बुरी आदतें समाहित हो जाती हैं। आप खुद सोचें—जिस व्यक्ति को कार्य एवं समय का मूल्य मालूम न हो, पैसे की कीमत मालूम न हो वह व्यक्ति अमीर कैसे बना रह सकता है? अमीर बनने के लिए जीवन मूल्य, कार्य मूल्य एवं समय मूल्य की महत्ता समझनी होगी। मूल्यों के साथ चलना होगा। जिन व्यक्तियों को यह ऊपर्युक्त बातों का ज्ञान न हो, वह व्यक्ति अमीर कैसे बना रहेगा? अमीर बने रहने तथा अमीरी को बनाए रखने के लिए कड़ी मेहनत करनी होती है तथा खामियों को खूबियों में बदलना होता है।

आपने ऐसा भी देखा या सुना होगा कि अमुक व्यक्ति का जन्म अमीर परिवार में हुआ था। उसके पास अतुल सम्पत्ति थी, परन्तु बाद के दिनों में वह भिखारी बन गया। इसका कारण है कि उसने इस अनमोल जीवन का मूल्य और प्राप्त धन का मूल्य नहीं समझा। उसने प्राप्त धन का प्रबंधन रचनात्मक कार्यों में नहीं कर दुरुपयोग किया। दूसरों पर अत्याचार एवं शोषण किया। विरासत में प्राप्त सम्पदा में उसका खून-पसीना नहीं लगा होता है, जिस कारण वह पैसे को पानी की तरह बहाता है। उसे धन प्रबंधन का मूल्य मालूम नहीं होता। इसलिए वह प्राप्त धन का सदुपयोग रचनात्मक कार्यों में करने के बजाय निरर्थक कार्यों में करता है। वह झूठी शान शौकत तथा झूठे आनन्द एवं सुख-सुविधा की प्राप्ति में धन को लुटाता है। वह हमेशा विलासिता में डूबा रहता है। इन कारणों से उसके व्यक्तित्व में बहुत सारे अवगुण समाहित हो जाते हैं। नतीजतन वह बाद

के दिनों में पैसे-पैसे का मोहताज हो जाता है। इसी सन्दर्भ में बिहारी ने अपने दोहे में लिखा है—

बढ़त-बढ़त सम्पति सलीलू मन सरोजु बढ़ जाय।
घटत-घटत फिरी ना घटे, घटे समूल कुम्हिलाय।

ध्यान रखें—अमीर बनने के लिए अमीर परिवार में जन्म लेने की जरूरत नहीं है। समस्त वैभव को प्राप्त करने की शक्ति आपके अन्दर है। ऐसा भी नहीं है कि कोई गरीब आदमी, अमीर नहीं बन सकता है। इस दुनिया में हजारों उदाहरण मिल जाएँगे, जो गरीबी में पले-बढ़े, जिन्हें भरपेट खाना भी नसीब नहीं था लेकिन बाद के दिनों में वे करोड़पति बन गए। जो खुद अवसर के मोहताज थे, वे कल-कारखाने खोलकर दूसरों के लिए अवसर बन गए। कहने का आशय है कि कोई भी गरीब व्यक्ति अमीर बन सकता है। ईश्वर ने हर व्यक्ति को इतनी शक्ति दी है कि वह गरीबी के दलदल से बाहर निकल अमीर बन सकता है। मनुष्य के पास सोचने-समझने एवं असम्भव को सम्भव कर दिखाने की शक्ति है। वह इस अद्भुत शक्ति का सदुपयोग कर कुछ भी कर सकता है। जरूरत है केवल अपने अन्दर छुपी शक्ति का अहसास करने एवं इस शक्ति का सदुपयोग रचनात्मक कार्य में करने की कर्म एवं समय की महत्ता समझने तथा कड़ी मेहनत करने के साथ समय के प्रबंधन करने की। आप ऐसा करके देखें—गरीब से अमीर बनना तो छोटी बात है। आप तो इतिहास रच सकते हैं।

शायद आपको नहीं मालूम—जीवन को अनमोल बनाए रखने तथा जीवन की सार्थकता सिद्ध करने के लिए धन-सम्पति की जरूरत नहीं, अच्छे-अच्छे गुणों से खुद को सँवारने की जरूरत होती है। खुद का मूल्य, समय का मूल्य एवं कर्म का मूल्य समझने की जरूरत होती है। यदि आपको इन मूल्यों की समझ है तो गरीबी आपके लिए अभिशाप नहीं वरदान बन जाएगी। आप गरीबी से उत्पन्न हालात से सीख लेकर सोने की तरह तपकर निकलेंगे। आपके व्यक्तित्व में बहुत सारे गुण समाहित हो जाएँगे। आपका व्यक्तित्व चमक उठेगा। आपके व्यक्तित्व में परिस्थितियों से लड़ने का साहस, मूल्यों की समझ, कड़ी मेहनत, परोपकार का भाव एवं कुछ कर दिखाने का जज्बा शामिल हो जाएगा। आप दूसरों के लिए उदाहरण बन जाएँगे और लोग आपकी प्रशंसा करते नहीं थकेंगे। आप गरीब नहीं रह जाएँगे, बल्कि दुनिया की नजरों में सबसे अमीर बन जाएँगे। आप दूसरों के लिए सीख बन जाएँगे।

मैं तो सिर्फ इतना कहूँगा कि आप स्वयं को पहचानें। आपके अन्दर इतनी दिव्य शक्ति है कि आप असम्भव को सम्भव कर सकते हैं। गरीब बने रहना नियति नहीं मन की कमजोरी है। महान बनने तथा जीवन का औचित्य साकार करने के लिए गरीबी का बहाना न बनायें। आप साधारण से असाधारण और मानव से महामानव बन सकते हैं। आप गौर करें तो पाएँगे कि इस दुनिया में जितने भी व्यक्तियों ने सफलता की ऊँचाइयों को छुआ है, अमीर एवं महान बने हैं, उनमें से अधिकांश व्यक्तियों का जन्म गरीब परिवार में ही हुआ था। सिर्फ अन्तर यह है कि उन व्यक्तियों ने अपने अन्दर छुपी महानता के बीज को पहचाना। गरीबी का रोना नहीं रोया और गरीबी को अपने प्रगति के मार्ग में अवरोध नहीं माना। गरीबी को ही आगे बढ़ने का मोहरा बनाया। गरीबी को ही अपना गुरु माना और गरीबी से उत्पन्न हालात से सीख लेकर अपने सपने को पूरा कर दिखाया। ऐसे व्यक्ति अपने अन्दर छुपी शक्तियों को पहचानते हैं और खुद पर विश्वास रखते हुए जीवन का इतिहास लिख डालते हैं।

दोस्तो! मैं तो सिर्फ इतना कहूँगा कि जीवन में बेहतर करने के लिए गरीबी का बहाना न बनाएँ। अगर आप गरीबी से सीख लेते हैं और उत्पन्न हालात का मुकाबला साहसपूर्वक करते हैं, तो गरीबी अभिशाप नहीं, बरदान बन जाती है। ठीक इसके विपरीत जो व्यक्ति गरीबी को सफलता के मार्ग में बाधक मानते हैं, वे गरीबी का रोना रोते रहते हैं। वे हालात से बाहर नहीं निकल पाते हैं। नतीजा वे खुद हालात पर आँसू बहाते रहते हैं। भूल कर भी ऐसा न करें और कदापि गरीबी को सफलता के मार्ग में अवरोध नहीं मानें और न ही हालात पर आँसू बहाएँ, अन्यथा आप गरीबी से कभी भी बाहर नहीं निकल पाएँगे। आप हमेशा गरीबी से बाहर निकलने की बात सोचें। गरीबी दूर करने हेतु कारगर उपाय करें। आप खुद पर विश्वास रखें और अपनी क्षमता को विकसित करें। आप गरीबी से बाहर निकल दूसरों के लिए सीख बन जाएँगे। आप ऐसा कर सकते हैं और इतनी शक्ति आपके अन्दर है। आप अपनी शक्ति को पहचानें और छुपी शक्ति का सदुपयोग रचनात्मक दिशा में करें।

याद रखें—

अमीर बनने में, गरीबी बाधक नहीं है। अगर बाधा है तो खुद की शक्ति का अहसास नहीं होना।

स्वयं एवं ईश्वर प्रदत्त शक्ति पर विश्वास नहीं करना। आप उस परमपिता परमेश्वर की संतान हैं, जो सर्वशक्तिमान है, सर्वव्यापी है। आपको यह मालूम

होना चाहिए कि कोई भी माता-पिता नहीं चाहता कि मेरे बच्चे गरीबी में जिन्दगी जिएँ और ताउम्र गरीब बने रहें। सभी माता-पिता चाहते हैं कि उनके बच्चे खुशहाल जिन्दगी जिएँ। आप सर्वशक्तिमान पिता की संतति हैं, वे भी चाहते हैं कि आप खुशहाल जिन्दगी जिएँ। आप सदैव मुस्कुराते रहें, खिलखिलाते रहें। नाम, धन, यश अर्जित करें और ऐसा करके जाए, जिसे लोग याद रखें। आप उनके विश्वास पर खरा उतरें और खुद के जीवन का औचित्य साकार करें। अगर आपके मन में यह भ्रम है कि मेरा जन्म गरीब परिवार में हुआ है, मेरे भाग्य में अमीर बनना नहीं लिखा है। मैं इतना गरीब हूँ कि जीवन में कुछ भी नहीं कर सकता हूँ, तो इस भ्रम को मन से निकाल फेकें। ऐसा सोचना मूर्खता है, कायरता है। खुद को छलना तथा ईश्वर प्रदत्त शक्तियों पर अविश्वास करना है। ऐसा नहीं है कि सिर्फ अमीर परिवार में जन्म लेने वाला व्यक्ति ही सफल होता है। आप गौर करें, तो पाएँगे कि अमीर परिवार में जन्म लेने वाले व्यक्तियों की तुलना में गरीब परिवार में जन्म लेने वाले लोग ज्यादा सफल हुए हैं और जीवन में ज्यादा बेहतर किया है।

अत: आप गरीबी को कमजोरी नहीं आगे बढ़ने की मजबूत कड़ी मानें। जिन्दगी के औचित्य को साकार करने और जीवन का गूढ़ रहस्य सीखने के लिए गरीबी अभिशाप नहीं वरदान है। गरीबी से उत्पन्न हालत से सीख लेकर आप अमीर ही नहीं, महान भी बन सकते हैं। आप केवल गरीबी से उत्पन्न हालात से सीख लें और खुद की शक्ति को पहचानें। खुद पर विश्वास रखते हुए दृढ़-इच्छाशक्ति के साथ आगे बढ़ें। आप भी अमीर बन सकते हैं और भाग्य में जो लिखना चाहते हैं, लिख सकते हैं।

याद रखें—

आपका भाग्य आपके जन्म से नहीं, कर्म से बदलता है।

आप कर्मयोगी बनें और खुद के हाथों अपने जीवन का इतिहास लिखें। गरीब से अमीर बनना तो बहुत छोटा कार्य है। आपका जन्म तो बड़े-बड़े कार्यों को करने एवं महान बनने के लिए हुआ है। आप केवल खुद एवं ईश्वर प्रदत्त शक्ति पर विश्वास रखें और महान बनने की दिशा में आगे बढ़ते रहें।

मूल्यों को समझने की शक्ति

हम सभी जानते हैं कि यह जीवन अनमोल है, परन्तु यह अनमोल है, कैसे? इस प्रश्न पर विचार नहीं करते। मेरा मानना है कि इस जीवन की अनमोलता को साकार करने के लिए खुद को जानना एवं पहचानना होगा। मूल्यों को समझना होगा तथा अपने अन्दर छिपी शक्तियों का अहसास करना होगा। शायद आप नहीं जानते—बेहतर जीवन जीने तथा जीवन का औचित्य साकार करने के लिए मूल्यों की जानकारी आवश्यक है। मूल्यों को जानने एवं समझने की शक्ति भी ईश्वर ने अन्य प्राणियों को नहीं, मानव को ही प्रदान की है। यह शक्ति अद्‌भुत एवं अद्वितीय है। यदि आपको मूल्यों की समझ है तो आपका जीवन सुन्दर, श्रेष्ठ एवं अनमोल बन जाएगा। अगर आपको मूल्यों की समझ नहीं है तो आपमें और पशु में कोई अन्तर नहीं रह जाएगा। मैं तो सिर्फ इतना कहूँगा कि आप इस सृष्टि के अनमोल प्राणी हैं और इसकी अनमोलता साबित करने के लिए आपको इस अनमोल जीवन का मूल्य, कर्म का मूल्य एवं समय मूल्य की समझ आवश्यक है। यह आपका कर्त्तव्य है कि आप इन मूल्यों को समझें और मूल्यों के साथ आगे बढ़ें। यदि आपको मूल्यों की समझ है, तो इसका मतलब है कि आपको जीवन का औचित्य मालूम है। ठीक इसके विपरीत जिन व्यक्तियों को मूल्यों की समझ नहीं है उनका जीवन जीना निरर्थक एवं व्यर्थ है। मेरा भी आपसे विनम्र अनुरोध है कि आप भी जीवन में बेहतर करना एवं बेहतर पाना चाहते हैं तो मूल्यों की महत्ता समझें। आप खुद सोचें—यदि आपको मूल्यों की समझ नहीं है तो आपमें और अन्य प्राणियों में कोई अन्तर नहीं रह जाएगा। आप खुद का मूल्य समझें।

मूल्य से हमारा अभिप्राय किसी व्यक्ति या वस्तु की कीमत से नहीं, बल्कि उसकी सार्थकता खुद और अन्य प्राणियों के लिए कितना महत्त्वपूर्ण है?

ध्यान रखें—

हर वस्तु का मूल्य एवं कीमत होती है। परन्तु मनुष्य एक ऐसा प्राणी है, जिसका सिर्फ मूल्य होता है।

इसलिए यह अनमोल प्राणी है। कीमत तो उस प्राणी या वस्तु की होती है, जो बिकाऊ होते हैं। आप बिकाऊ नहीं हैं। आप तो मूल्यवान हैं और मूल्यों की महत्ता समझ कर ही आप खुद और अन्य वस्तु को मूल्यवान बनाते हैं। खुद का औचित्य साकार करते हैं। यदि हम मूल्यों की बात करें तो विभिन्न विद्वानों ने बहुत सारे मूल्यों की चर्चा की है। केन्द्रीय माध्यमिक शिक्षा बोर्ड द्वारा प्रशिक्षण पाठ्यक्रम में भी लगभग 86 मूल्यों की चर्चा की गई है। लेकिन मेरा मानना है कि मुख्यतः तीन ही मूल्य प्रधान हैं और वह हैं—"जीवन मूल्य, कार्य मूल्य एवं समय मूल्य।" अगर हमें इन मूल्यों की समझ है, तो हमारा जीवन सार्थक है। हमें जीवन का औचित्य मालूम है। मेरे विचार से दूसरों का मूल्य समझने के लिए भी मूल्यों को जानना समझना अतिआवश्यक है। अगर हम इन मूल्यों को नहीं समझते, तो फिर हम अपनी श्रेष्ठता साबित नहीं कर सकते हैं। आप खुद सोचें कि क्या आप इस अनमोल जीवन को पशुवत जीना चाहते हैं या इसकी अनमोलता साबित करना चाहते हैं? यदि आप खुद की श्रेष्ठता एवं अनमोलता साकार करना चाहते हैं, तो मूल्यों के साथ चलें।

याद रखें—

मूल्यों को समझने की शक्ति आपके अन्दर है और मूल्यों को समझ कर ही आप जीवन को अनमोल बना सकते हैं।

मेरे विचार से आप सर्वप्रथम खुद के जीवन का मूल्य समझें कि यह कितना अनमोल है, इसके अन्दर कितनी शक्तियाँ छिपी हुई हैं। इसका औचित्य क्या है, इसके विभिन्न आयामों को नहीं जानेंगे, तो इसकी अनमोलता कैसे साकार कर पाएँगे।

ध्यान रखें—

जब तक हम इस अनमोल जीवन के मूल्य को नहीं समझेंगे, उसकी सार्थकता एवं औचित्य पर प्रकाश नहीं डालेंगे, तब तक खुद की सार्थकता साबित नहीं कर पाएँगे।

जीवन के औचित्य को साकार नहीं कर पाएँगे। इस अनमोल जीवन को श्रेष्ठ एवं सुन्दर नहीं बना पाएँगे। कहने का अभिप्रायः यह है कि जीवन के औचित्य

को साकार करने तथा जीवन को सुन्दर एवं श्रेष्ठ बनाने के लिए मूल्यों की समझ आवश्यक है। जिस दिन हम मूल्यों की महत्ता समझ जाएँगे और मूल्यों के साथ चलना शुरू कर देंगे हमारा जीवन सुन्दर, सौभाग्य, अवसर, आनन्द एवं अमृत का सागर बन जाएगा। आप दूसरों के लिए आदर्श एवं उदाहरण बन जाएँगे। आपको खुद महसूस होगा कि यह जीवन सौभाग्य से मिला है और ईश्वर ने हमें मानव जीवन प्रदान कर बहुत बड़ा उपकार किया है। परमपिता परमेश्वर ने हमें यह अनमोल जीवन उपहार के रूप में दिया है। यह समस्त प्राणियों में श्रेष्ठ, सुन्दर एवं अद्वितीय है।

अत: महत्त्वपूर्ण यह है कि हम इस अनमोल जीवन को कितना सुन्दर एवं श्रेष्ठ बना पा रहे हैं। मेरे विचार से इसकी सुन्दरता को बनाए रखने के लिए हमें खुद की विशेषताओं को जानना होगा। कर्म-मूल्य एवं समय मूल्य के साथ-साथ खुद का मूल्य समझना होगा। हमें इस प्रश्न पर बार-बार विचार करना होगा कि हमें यह अनमोल जीवन क्यों मिला? इस जीवन का उद्देश्य क्या है? हम दूसरे प्राणियों से श्रेष्ठ हैं तो कैसे? क्या हम अपनी श्रेष्ठता साबित कर पा रहे हैं? इन प्रश्नों का उत्तर जानकर ही हम इस अनमोल जीवन की सार्थकता साबित कर सकते हैं। यह भी सच्चाई है कि इन सारे प्रश्नों के उत्तर भी बाहर नहीं, हमारे अन्दर हैं। यह हमारा कर्त्तव्य है कि हम इन प्रश्नों पर सोचें-समझें तदुपरान्त आगे बढ़ें।

यदि आप गौर करें तो पाएँगे कि हर व्यक्ति अच्छा बनना एवं अच्छा करना चाहता है। हम अपने बच्चे को भी अच्छा बनाना और अच्छा देखना चाहते हैं। हर व्यक्ति चाहता है कि मेरा बच्चा उत्कृष्ट कार्य करे और सदैव मूल्यों के साथ चले। अपने कर्त्तव्य एवं दायित्वों को समझे। खुद की सार्थकता साबित करे और अनुशासन का मायने समझे। खुद अच्छा करे और दूसरों को भी अच्छा करने में मदद करे। खुद के कल्याण के साथ दूसरों का कल्याण करे। सादगीपूर्ण जीवन जिये एवं सद्चरित्र का मालिक बने। कहने का आशय है कि जीवन को सुन्दर बनाने के लिए व्यक्तित्व को सुन्दर बनाना होगा और व्यक्तित्व को सुन्दर बनाने के लिए मूल्यों को समझना होगा, ताकि हर व्यक्ति आपकी प्रशंसा करे। यह भी सच्चाई है कि ऊपर्युक्त चीजें किसी दुकान पर नहीं मिलतीं। ये सारी चीजें मिलती हैं, स्व के अन्दर। अगर आप इस अनमोल जीवन के मूल्य के साथ-साथ कार्य एवं समय का मूल्य समझते हैं और मूल्यों के साथ चलते हैं, तो आपका जीवन स्वर्ग से सुन्दर बन जाएगा। सर्वत्र आपकी प्रशंसा होगी और हर व्यक्ति आपको मान-सम्मान देगा।

सही मायने में यह जीवन अनमोल है, अगर आप खुद का मूल्य समझते हैं, अगर मानवीय गुणों को साकार करते हैं और खुद की सार्थकता दूसरों के लिए साबित करते हैं। अपने व्यक्तित्व में अच्छे-अच्छे गुणों को शामिल करते हैं। आप आत्म गौरव, आत्म-सुख, आत्म आनन्द, आत्म संयम की महत्ता समझते हैं। निष्काम कर्म करते हैं, दीन-दुखियों की सेवा करते हैं और परोपकार का भाव रखते हैं। सकारात्मक सोच के साथ रचनात्मक कार्य करते हैं और आपका कार्य उत्कृष्ट एवं सार्थक है। यदि आपके कृत्य की परिणति एवं प्रभाव खुद से ज्यादा दूसरों के लिए महत्त्वपूर्ण है, तो आप दूसरों के लिए आदर्श एवं सीख बन जाते हैं। कहने का आशय है कि आपको इस जीवन को अनमोल बनाने के लिए मूल्यों को समझना होगा। केवल मूल्यों को समझना ही नहीं होगा, बल्कि मूल्यों के साथ चलना होगा। व्यक्तित्व को सुन्दर बनाना होगा। अगर आपके व्यक्तित्व में विनम्रता, लोच, प्रेम, क्षमा, त्याग, दया परोपकार, सद्‌भाव, सहयोग जैसे गुण शामिल हैं, तो इसका मतलब है कि आपको इस जीवन का मूल्य मालूम है।

हम सभी जानते हैं कि जीवन जीने के लिए कार्य करना होता है। परन्तु हम कौन कार्य करें और कौन कार्य नहीं करें? इस प्रश्न पर विचार करना हमारे लिए ज्यादा महत्त्वपूर्ण है। अगर हम बिना सोचे-समझे कार्य करते हैं, कार्य की परिणति एवं प्रभाव का ध्यान नहीं रखते तो जीवन को अनमोल नहीं बना पाएँगे। कार्य करने का निर्णय भी हमें खुद लेना होता है और सही निर्णय वही व्यक्ति ले पाता है, जिन्हें जीवन-मूल्य एवं कार्य-मूल्य की समझ होती है। कार्य मूल्य के सन्दर्भ में मैं सिर्फ इतना कहूँगा कि आप किसी भी कार्य को करने के पहले उसकी परिणति एवं प्रभाव के सन्दर्भ में सोचें-समझें, कार्य की सार्थकता एवं औचित्य पर विचार करें तदुपरान्त कार्य करने का निर्णय लें। अगर आप ऐसा करते हैं तो निश्चित रूप से कृत्य कार्य की परिणति बेहतर प्राप्त होगी और बेहतर परिणति प्राप्त करके ही आप जीवन का औचित्य साकार कर सकते हैं।

ध्यान रखें—

अगर आपके कार्य की परिणति एवं प्रभाव की सार्थकता खुद से ज्यादा दूसरों के लिए महत्त्वपूर्ण हो, तो उस कार्य को अवश्य करें।

सार्थक एवं उत्कृष्ट कार्य करने से आपको संतुष्टि होगी। आत्म सुख एवं आत्म आनन्द की प्राप्ति होगी।

यह सच्चाई है कि आप कार्य को बेहतर तब कर पाएँगे, जब आप कार्य निष्पादन में अपना समय देंगे।

ध्यान रखें—

बिना समय दिये आप कोई भी कार्य निष्पादित नहीं कर सकते हैं। अतः समय का मूल्य समझना आवश्यक है।

आप समय का समुचित प्रबंधन और सदुपयोग तब कर पाएँगे, जब आपको समय का मूल्य मालूम होगा। अतः समय का मूल्य समझें और समय के हर पल का सदुपयोग रचनात्मक कार्यों में करें। जिन व्यक्तियों को समय के मूल्य की समझ होती है, वे ही जीवन में बेहतर पाते हैं और जीवन का औचित्य साकार करते हैं। ठीक इसके विपरीत जिन व्यक्तियों को समय का मूल्य मालूम नहीं होता, वे उसकी कीमत नहीं समझते और व्यर्थ में अपना कीमती समय बर्बाद करते रहते हैं। ऐसे व्यक्ति करते कुछ नहीं, केवल समय काटते रहते हैं। ऐसे व्यक्तियों को शायद यह नहीं मालूम होता कि समय काटने का मतलब खुद को बर्बाद करना है।

याद रखें—

समय का मूल्य नहीं समझना और समय को यूँ ही बर्वाद करना, खुद को बर्बाद करना है।

समय की महत्ता नहीं समझने वाला व्यक्ति खुद का मूल्य नहीं समझ पाता है। नतीजा वह अपने जीवन में कुछ भी बेहतर नहीं कर पाता है। आप खुद सोचें, जिस व्यक्ति को यह मालूम न हो कि समय मूल्यवान है, भला वह व्यक्ति खुद की अनमोलता कैसे साबित कर सकता है? ठीक इसके विपरीत जो व्यक्ति समय का मूल्य समझता है, वह हर पल का सदुपयोग खुद के चरित्र निर्माण एवं जग-कल्याण में करता है। ससमय अपने कार्यों को निष्पादित कर सफलता के शिखर को छूता है। खुद की सार्थकता साबित करता है तथा दूसरों का परोपकार कर नाम कमा जाता है। कहने का आशय है कि आप जीवन में बेहतर करना और खुद की सार्थकता साबित करना चाहते हैं, तो समय का मूल्य समझें।

याद रखें—

समय से कीमती संसाधन कुछ भी नहीं है।

समय ही धन है, पूँजी है, निवेश की वस्तु है। समय ही सब कुछ है। जिन व्यक्तियों ने समय की कीमत समझी, समय का मूल्य समझा। वे मूल्यवान बन गए। ठीक इसके विपरीत जिन व्यक्तियों ने समय का मूल्य नहीं समझा, वे खुद

मूल्यहीन बन गए। वे यह नहीं समझ पाते कि समय ही धन है, पूँजी है निवेश है। अगर आपको समय का मूल्य मालूम है तो आप अपने समय को धन और पूँजी में बदल सकते हैं। समय का सदुपयोग कर आप जो चाहते हैं, प्राप्त कर सकते हैं। ठीक इसके विपरीत जिसने समय को खो दिया, समझो उसने सब-कुछ खो दिया।

ध्यान रखें—

आप खोने नहीं पाने आए हैं और पाने के लिए समय का प्रबंधन करना होगा।

समय की महत्ता समझनी होगी और समय को धन, पूँजी में बदलने की सोच के साथ-साथ समय का निवेश रचनात्मक कार्यों में करना होगा। ऐसा करके ही मूल्यों को साकार कर सकते हैं। मेरा मानना है कि समय ही सबकुछ है और समय का प्रबंधन करके ही जो चाहते हैं, प्राप्त कर सकते हैं। आप जो भी सपने देखते हैं, उसे पाने के लिए समय देने होंगे। लक्ष्य प्राप्ति की बात हो या सपने को हकीकत में बदलने की बात हो, सबकुछ समय निवेश से ही प्राप्त किया जा सकता है। कहने का आशय स्पष्ट है कि समस्त प्राप्ति में समय की भूमिका महत्त्वपूर्ण है। आप समय का मूल्य समझें और हर पल का सदुपयोग बेहतर पाने में करें।

मेरे विचार से यदि आप खुद को मूल्यवान बनाना चाहते हैं और खुद का औचित्य साकार करना चाहते हैं, तो जीवन-मूल्य, कार्य-मूल्य एवं समय-मूल्य की महत्ता समझें। अगर आपको समय मूल्य की समझ नहीं है तो आप किसी भी कार्य को ससमय नहीं कर पाएँगे। जब आप ससमय कार्य नहीं कर पाएँगे तो बेहतर परिणति प्राप्त नहीं होगी। उस स्थिति में आप जीवन की सार्थकता साबित नहीं कर पाएँगे। आपकी स्थिति उस ज्ञानी की तरह होगी, जो अपने विषय का प्रकांड विद्वान है, परन्तु वह दूसरों को अपना ज्ञान नहीं बाँटना चाहता और न ही ज्ञान की सार्थकता सिद्ध करना चाहता है। वैसी स्थिति में उस ज्ञान का क्या औचित्य, जो दूसरों के काम नहीं आ सके, जो दूसरों के अन्दर छाये हुए अँधेरे को दूर कर प्रकाश न फैला सके। कहने का आशय स्पष्ट है कि अगर आपको मूल्यों की समझ नहीं है, तो आप अनमोल जीवन को धारण करने के ऊपरान्त भी मूल्यहीन बनकर रह जाएँगे।

याद रखें—

ज्ञानी एवं विद्वान बन जाने से व्यक्ति महान नहीं बन जाता, बल्कि ज्ञान की सार्थकता साबित करने वाला व्यक्ति महान होता है।

उसी प्रकार अनमोल जीवन प्राप्त होने से व्यक्ति श्रेष्ठ नहीं हो जाता, बल्कि उसे अपनी श्रेष्ठता साबित करनी होती है। जैसे—आपको मूल्यों की समझ है, परन्तु आप मूल्यों पर खरा नहीं उतरते, मूल्यों के साथ नहीं चलते, तो आप जीवन को अनमोल नहीं बना पाएँगे। जीवन को अनमोल बनाने के लिए मूल्यों की सार्थकता साबित करनी होगी। मूल्यों को जीवन में उतारना होगा और उसकी महत्ता समझनी होगी।

क्या आपको मालूम है? आपके कार्य की परिणति, कार्य की सार्थकता आपके समय प्रबंधन की कला पर निर्भर करती है। आप जितना बेहतर समय का प्रबंधन करेंगे, उतना बेहतर पाएँगे। अगर आप ससमय कार्य नहीं करेंगे तो बेहतर कार्य भी निरर्थक साबित होगा।

याद रखें—

ससमय कार्य करना ही सार्थक है, अन्यथा समय ऊपरान्त वह अपनी सार्थकता खो देता है।

अत: समय की महत्ता समझें और समय पर कार्य करने की आदत डालें। आप समय का समुचित प्रबंधन करके ही खुद की सार्थकता साबित कर सकते हैं। आप समय का प्रबंधन करके ही खुद को नियमित, अनुशासित, कर्म योगी एवं मूल्यवान बना सकते हैं। ऊपर्युक्त मूल्यों के अतिरिक्त भी बहुत सारे मूल्य हैं। जैसे—नैतिक मूल्य, सामाजिक मूल्य, आर्थिक मूल्य, सांस्कृतिक मूल्य, सामाजिक मूल्य इत्यादि। मेरा मानना है कि अगर आपको जीवन मूल्य, कार्य मूल्य एवं समय-मूल्य की समझ है, तो आपके अन्दर बहुत सारे मूल्य स्वत: समाहित हो जाते हैं। आपको अन्य मूल्यों की महत्ता जानने एवं समझने में कोई कठिनाई नहीं होती है। कहने का तात्पर्य यह है कि अन्य मूल्यों की महत्ता समझने के लिए भी जीवन-मूल्य, कार्य-मूल्य एवं समय-मूल्य की समझ आवश्यक है। आप खुद की श्रेष्ठता, जीवन की अनमोलता एवं जीवन का औचित्य साकार करना चाहते हैं, तो मूल्यों की महत्ता समझें और मूल्यों के साथ चलें। मूल्यों को समझने की शक्ति एवं मूल्यों के साथ चलने की क्षमता आपके अन्दर है। आप इन मूल्यों पर चलकर साधारण मानव से महामानव बन जाते हैं।

महान बनने की शक्ति

हर व्यक्ति महान बन सकता है और हर व्यक्ति के अन्दर महान बनने की शक्ति होती है। ऐसा नहीं है कि ऊँचे घरानों या राज परिवार में जन्म लेने वाला व्यक्ति ही महान बन सकता है। साधारण-से-साधारण व्यक्ति भी महान बन सकता है, गरीब से गरीब घर में जन्म लेने वाला व्यक्ति भी महान बन सकता है। अगर आपको खुद पर तथा ईश्वर प्रदत्त शक्तियों पर विश्वास हो। आपके अन्दर कुछ कर दिखाने का जज्बा एवं बेहतर करने की इच्छाशक्ति हो। आप निर्णय लेने के योग्य हैं तथा आपके अन्दर नेतृत्व की क्षमता है। परन्तु दुःख की बात यह है कि प्रायः व्यक्ति अपने अन्दर छिपी शक्ति को पहचान नहीं पाते और उन शक्तियों को उजागर नहीं कर पाते हैं। यह शक्ति किसी व्यक्ति विशेष में उजागर हो पाती है, जो इसे देख पाते हैं और अपने अन्दर छुपी महानता के बीज को पहचान लेते हैं, वे ही महनता को प्राप्त करते हैं। अधिकांश व्यक्ति अपने अन्दर छुपे महानता के बीज को देख नहीं पाते हैं। इसका मुख्य कारण है उन्हें यह विश्वास ही नहीं होता कि वे भी महान बन सकते हैं। उन्हें लगता है कि सिर्फ वही व्यक्ति महान बन सकता है, जिनका जन्म अमीर परिवार या राज घराने में हुआ है तथा उनके अन्दर कुछ विशेष शक्ति और ईश्वर की विशेष कृपा होती है, इसलिए वे महान बनते हैं। इस प्रकार की सोच गलत है। ऐसे नकारात्मक सोच से बाहर निकलें और अपनी शक्ति को पहचानें।

आप खुद सोचें—जिस व्यक्ति को यह विश्वास ही न हो कि मैं भी महान बन सकता हूँ, मैं भी हर कार्य को उत्कृष्ट रूप में कर सकता हूँ और दूसरों से बेहतर कर सकता हूँ। मैं उन कार्यों को भी कर सकता हूँ जिसे आज तक किसी ने नहीं किया है। मेरे अन्दर इतनी शक्ति है कि मैं खुद को क्या दुनिया को बदल सकता हूँ। ठीक इसके विपरीत जिन व्यक्तियों को खुद पर विश्वास नहीं होता

और भाग्य एवं संसाधनों की कमी का रोना रोते हैं, भला वह व्यक्ति महान कैसे बन पाएगा? महान बनने के लिए पहले आपको खुद पर विश्वास करना होगा। अगर आपको यह विश्वास ही न हो कि मैं यह काम कर सकता हूँ, उस स्थिति में आप उस कार्य को मूर्तरूप कैसे दे सकते हैं? किसी भी कार्य को मूर्त रूप देने हेतु आपको खुद आगे बढ़ना होगा और अपनी शक्तियों पर विश्वास करना होगा।

याद रखें—

आपका विश्वास ही आपको लक्ष्य तक पहुँचाता है।

शायद आपको नहीं मालूम कि हम सभी की अंतर्भूमि कोई-न-कोई विशेष उर्वरता लिये हुई होती है। सच्चाई यही है कि जो व्यक्ति अंतरस्थ भूमि में छिपे महानता के बीज को देख लेते हैं, अपने अन्दर छुपे बीज को पहचान कर उसे अंकुरित कर लेते हैं, वे ही महान बनते हैं और उन्हीं की गिनती महान व्यक्तियों की श्रेणी में होती है। किसी भी व्यक्ति के साधारण से असाधारण बनने की बस इतनी-सी यात्रा है। लेकिन इस यात्रा को वही व्यक्ति पूरा कर पाता है, जो इस अनमोल जीवन के मूल्य को समझता है। स्वयं को पहचानता है तथा खुद एवं ईश्वर प्रदत्त शक्तियों पर विश्वास करता है। आप भी ऐसा करके देखें—आप भी अपना नाम महान व्यक्तियों की श्रेणी मे लिख सकते हैं। आपके अन्दर इतनी शक्ति है। आप इस शक्ति की सार्थकता जग कल्याणार्थ सिद्ध करें। जैसे—पीपल, पाकड़, बरगद। आपने पीपल, पाकड़, बरगद के बीज को देखा होगा। कितना छोटा बीज होता है, परन्तु इस छोटे से बीज में वट वृक्ष बनने की शक्ति निहित होती है। वही सूक्ष्म बीज जब अनुकूल माहौल पाकर अंकुरित होता है और अपने वृहत् रूप में आता है तो दूसरों के लिए सीख बन जाता है। वह अपने विशाल रूप को धारण कर दूसरों के लिए उदाहरण बन जाता है। इसका कारण है कि वह अपना सारा जीवन लोगों के कल्याणार्थ समर्पित कर देता है।

आप तो अनमोल हैं और अन्य प्राणियों से श्रेष्ठ हैं। जब इतने छोटे बीज में विशाल वटवृक्ष बनने की शक्ति है, तो आपके अन्दर शक्ति का अथाह सागर है, जिसे जानकर-पहचानकर आप साधारण से असाधारण बन सकते हैं। सामान्य से विशाल बन सकते हैं। खुद का क्या दूसरों का कल्याण कर सकते हैं। आपके लिए असम्भव कुछ भी नहीं है। आप हर असम्भव को सम्भव कर सकते हैं, अगर आपको खुद पर विश्वास हो। परन्तु दुख की बात यह है कि अधिकांश लोगों को खुद पर विश्वास हीं नहीं होता। उन्हें लगता है कि मैं यह नहीं कर सकता, मैं वह नहीं कर सकता। मेरे पास उतना संसाधन नहीं है और न ही वैसी

शक्ति है, जो महान व्यक्तियों में है। वे मानते हैं कि बड़े-बड़े कार्यों को कर के या बड़े घराने में जन्म लेकर ही महान बना जा सकता है। इस प्रकार की सोच से बाहर निकलें। यह गलत एवं मन की नकारात्मकता है। संकीर्ण मानसिकता का परिचायक है, इसे बाहर निकालें। मेरा मानना है कि आप छोटे-छोटे कार्यों को कर के महान बन सकते हैं। आपको कार्य करने की कला एवं कार्य मूल्य की समझ होनी चाहिए। ऐसे बहुत सारे उदाहरण मिल जाएँगे, जिनका जन्म गरीब परिवार में हुआ। अभाव में पले-बढ़े और अभाव पर विजय प्राप्त कर महान बन गए।

ध्यान रखें—

> *महान बनने की शुरुआत बड़े कार्यों से नहीं, छोटे-छोटे कार्यों से ही होती है और हम हर छोटे-छोटे कार्यों को ससमय एवं उत्कृष्ट रूप में निष्पादित कर महान बन सकते हैं।*

अगर हमें खुद का मूल्य, कार्य का मूल्य एवं समय का मूल्य मालूम हो। हमारे कार्य की सार्थकता खुद से ज्यादा दूसरों के लिए महत्त्वपूर्ण हो।

शायद आपको नहीं मालूम—हमारे कार्य की सार्थकता एवं दृष्टिकोण में ही महानता के बीज झलकने लगते हैं, जिन्हें हम सुविकसित कर महान बन जाते हैं। देहातों में भी यह कहावत प्रचलित है "होनहार बीरवान के होत चिकने पात।"

कहने का आशय है कि जो व्यक्ति होनहार होते हैं, उनके लक्षण शुरू से ही अच्छे दिखते हैं। उनके कार्य करने का ढंग अलग होता है और वे हर कार्य को पूरे मनोयोग से करते हैं। ऐसे व्यक्ति गरीबी या संसाधनों की कमी का रोना नहीं रोते। कोई बहानेबाजी नहीं करते और न ही दूसरों पर दोषारोपण करते हैं। उन्हें खुद पर विश्वास होता है और कड़ी मेहनत के बल पर वे हर संसाधन प्राप्त कर लेते हैं। उनकी नजर में असम्भव कुछ भी नहीं होता है। उन्हें जीवन का औचित्य मालूम होता है और वे हर कार्य को बड़ी ही बारीकी से ससमय करते हैं। यही कारण है कि उनके कार्य की परिणति बेहतर होती है। उन्हें समय एवं कार्य का मूल्य मालूम होता है और वे हर कार्य समय पर उत्कृष्ट रूप में निष्पादित करते हैं। यही कारण है कि वे छोटे से छोटे कार्यों को करने में भी कोई संकोच नहीं करते और न ही किसी कार्य को छोटा या बड़ा समझते हैं।

इस सन्दर्भ में एक प्रसंग दर्शनीय है—एक बहुत ही गरीब एवं कम उम्र का लड़का था, जो जीविका के लिए जंगल से लकड़ियाँ काटकर बाजार में बेचा करता था। एक दिन वह लकड़ी का गट्ठर लेकर बाजार जा रहा था, तो

एक व्यापारी की नजर उस लड़के पर पड़ी। सलीके से बँधे गट्ठर को देखकर व्यापारी ने उस लड़के से पूछा—

इस लकड़ी के गट्ठर को किसने बाँधा है?

लड़के ने कहाँ—मैंने बाँधा है।

व्यापारी चौंक गया और बोला—क्या तुम इस लकड़ी के गट्ठर को पुनः उसी तरह बाँध सकते हो?

लड़के ने कहाँ—जी, हाँ। अवश्य बाँध सकता हूँ।

यह कहकर उसने दोबारा उसी खूबसूरती के साथ लकड़ी के गट्ठर को बाँध दिया। लकड़ी को गट्ठर के बाँधने के तरीके को देखकर वह व्यापारी लड़के की प्रतिभा, लगन और सरलता का कायल हो गया। वह उसे अपने साथ घर ले गया। घर ले जाकर उन्होंने उसकी पढ़ाई का समुचित प्रबंधन किया। वही लड़का आगे चलकर यूनान का महान दार्शनिक पाईथागोरस बना। आप लाल बहादुर शास्त्री को ही ले लें। गरीब परिवार में जन्म लेने के बावजूद उनके अन्दर कुछ बेहतर करने का जुनून था। यही जुनून उन्हें भारत के प्रधानमंत्री पद तक ले गया। उनकी सादगी, सरलता, उच्च विचार एवं उत्कृष्ट कर्म महानता की ओर ले गए। आज भी वे हमारे लिए आदर्श एवं उदाहरण हैं।

इस प्रकार बहुत सारे उदाहरण देखने एवं सुनने को मिल जाएँगे, जिन्होंने गरीबी में जन्म लिया। सादगी का जीवन जिया और अपने उच्च विचार एवं कर्म से महान बन गए। महानता एक प्रतीक है, जिसका बीज हर व्यक्ति के अन्दर छुपा होता है। जो व्यक्ति उसे पहचान लेता है, वह महान बन जाता है। महानता की झलक देखनी है तो यह उस बच्चे में भी देखी जा सकती है, जो अनुशासित है एवं अपना हर कार्य समय पर करता है। घर में बाहर से आकर काम करने वाली आया भी महान है, जो माँ-बाप की अनुपस्थिति में बच्चे को माँ का दुलार देती है और उसकी परवरिश का जिम्मा लेती है। सड़क पर चलता हुआ वह व्यक्ति भी महानता की श्रेणी में आता है, जो अपने समय व पैसों की परवाह किये बिना किसी जरूरतमंद की मदद के लिए सदैव तैयार रहता है। जो व्यक्ति इन गुणों को जीवन भर बनाए रखते हैं, वे ही एक दिन महानता के शिखर को छूते हैं। ऐसे व्यक्ति की गिनती ही महान व्यक्तियों की श्रेणी में होती है। महान दार्शनिक कन्फ्यूशियस के अनुसार—

जो साधारण हैं, वे भी महान हैं क्योंकि महानता हमारी सोच में है। यह हमारे अन्दर बसती है। जो महान होते हैं, वे सच्चे होते है।

ऐसा नहीं होता कि महान व्यक्ति जन्म से ही महान होते हैं या उनके अन्दर कुछ विशेष गुण होते हैं। महान व्यक्ति के जीवन की परिस्थितियाँ भी वही होती हैं, जो एक साधारण व्यक्ति की होती है। कई बार उनकी परिस्थतियाँ साधारण से भी विकट होती हैं, लेकिन उनके अन्दर सहनशीलता, धैर्य, क्षमा, त्याग, साहस, विश्वास, कुछ कर दिखाने का जज्बा जैसे गुण कूट-कूट कर भरे होते हैं, जो उन्हें महानता की राह पर ले जाते हैं। उनका उद्‌देश्य जीवन के औचित्य को साकार करना तथा सार्थक लक्ष्य की प्राप्ति होता है। वे प्रशंसा पाने, सम्मान पाने या नाम कमाने के लिए कोई कार्य नहीं करते हैं। वे मूल्यों को स्थापित करने, आदर्श स्थापित करने, नई राह बनाने की दिशा में कार्य करते हैं। उनका हर कार्य उत्कृष्ट होता है और वे हर कार्य निष्काम भाव से करते हैं। यही कारण है कि वे महान बन जाते हैं।

याद रखें—

जो व्यक्ति प्रशंसा पाने के लिए कार्य करते हैं, वे कभी भी श्रेष्ठ कार्य नहीं कर पाते हैं।

वे झूठी प्रशंसा पाने में इतना मशगूल रहते हैं कि महान बनने की बात भी नहीं सोच पाते। यही कारण है कि वे महान नहीं बन पाते हैं। ब्रिटिश प्रधानमंत्री विन्स्टन चर्चिल ने महानता को इस तरह परिभाषित किया है—"यहाँ कोई जन्मजात बड़ा या महान पैदा नहीं हुआ। जो भी स्वयं के प्रति जिम्मेदार बने, अपने व्यक्तित्व में निखार लाये और सच्चाई की राह पर चले, वे ही महान बने हैं।" आप भी ऐसा कर महान बन सकते हैं। व्यक्ति की दृष्टि से महानता श्रेष्ठ होने का सूचक है। सुन्दर व्यक्तित्व, उत्कृष्ट कर्म और मूल्यों की समझ ही महानता की पहचान है। जिस व्यक्ति का व्यक्तित्व सुन्दर एवं कार्य उत्कृष्ट होते हैं, वे ही अपनी अमिट छाप दूसरों पर छोड़ पाते हैं और उनकी छाप वर्षों-वर्षों तक अविस्मरणीय रहती है। यदि हम स्वयं के प्रति ईमानदार रहें और मूल्यों के साथ चलें तो सहिष्णुता, मानवता, शिष्टाचार, साहस, समझदारी, जिम्मेदारी जैसे सद्‌गुण हमारे व्यक्तित्व में स्वतः समाहित हो जाएँगे। ऐसे गुणवान व्यक्तियों की ही गिनती संत, महासंत, महापुरुष, दार्शनिक, राष्ट्रभक्त, विचारक आदि के रूप में होती है।

मेरे विचार से यदि आप महान बनना चाहते हैं तो स्वयं को पहचानें। खुद का औचित्य साकार करें, दुर्भावनाओं से ऊपर उठें और सद्‌गुणों को धारण करें। आत्मा के मूल संस्कार को समझें। आप शक्ति स्वरूप, शान्ति स्वरूप, ब्रम्ह

स्वरूप, प्रकाश स्वरूप हैं। आप इस धरती पर महान कार्यों को करने के लिए आए हैं। इस अनमोल जीवन की सार्थकता साकार करने आए हैं। दीन-दुखियों की सेवा करने तथा जग का कल्याण करने आए हैं। आप तो उस दिव्यात्मा के अंश हैं, जो विशाल, विराट, शान्ति स्वरूप, ब्रह्म स्वरूप हैं। आपके अन्दर विभिन्न शक्तियों का असीम खजाना छिपा है। आप अपने अन्दर छुपे दिव्य शक्ति का दर्शन करें। जिस दिन आप खुद में स्थित दिव्य लौ की रोशनी को जला लेंगे, आप खुद प्रकाशमान बन जाएँगे तथा अपने प्रकाश से खुद को क्या दूसरों को भी प्रकाशित करने में सफल होंगे। आपके अन्दर इतनी शक्ति है। आप ऐसा करके देखें, आपको महान बनने से कोई नहीं रोक पाएगा।

युग ऋषि श्रीराम शर्मा आचार्य ने भी कहा था—अपना मूल्य समझो और विश्वास करो कि तुम संसार के सबसे महत्त्वपूर्ण व्यक्ति हो। तुम संसार की समस्त विभूतियों को पाने का उत्तराधिकारी हो। इस दुनिया में महान व्यक्तियों की कमी नहीं है, एक से एक महान व्यक्ति हुए हैं। वे जन्म से नहीं, कर्म से महान बने हैं। सद्गुणों को ग्रहण कर, विचार को उन्नत, व्यापक एवं दूरदर्शी बनाकर और उत्कृष्ट कर्म कर महान बने हैं। उन्होंने स्वयं को जाना, खुद को पहचाना तथा दुनिया से सीख ली। कार्य की महत्ता समझा और हर कार्य को उत्कृष्ट ढंग से ससमय निष्पादित किया। सादगीपूर्ण जीवन जी कर, सुन्दर व्यक्तित्व का निर्माण किया। आप भी ऊपर्युक्त कार्यों को कर के महान बन सकते हैं। महानता ऊपर से या जन्मजात नहीं मिलती और न ही दूसरों से प्राप्त हो सकती है। यह मिलती है अच्छी-अच्छी बातों को सीखने, उत्कृष्ट कार्य करने, दीन-दुखियों की सेवा करने तथा क्षमा, त्याग एवं सेवा भाव से। इसे खुद प्राप्त करना होता है।

सही मायने में व्यक्ति की कार्य शैली, कार्य करने की सार्थकता, व्यवहार, कर्म, वाणी, रहन-सहन, सुविचार एवं स्वभाव ही अच्छे व्यक्तित्व की पहचान है। ऐसे व्यक्ति के अन्दर ही महान बनने के लक्षण होते हैं और वे ही महान बनते हैं। यह सच्चाई है कि कोई भी व्यक्ति जन्म से नहीं, कर्म से महान बनते हैं। सकारात्मक सोच, रचनात्मक कार्य एवं अच्छे गुणों को आत्मसात कर महान बनते हैं। महानता की राह पर चलने वाला व्यक्ति अन्याय और शोषण को सहन नहीं करता, बल्कि उनके विरुद्ध लड़ाई लड़ता है। उसके अन्दर मानवीय संवेदना कूट-कूट कर भरी होती है, जिस कारण वह सभी के सुख-दुख को अपना सुख-दुख मानता है। उसका सम्पूर्ण जीवन दूसरों के लिए समर्पित होता है और ऐसा व्यक्ति श्रेष्ठता का प्रमाण नहीं देता, बल्कि वह स्वयं प्रमाण होता है। ऐसा व्यक्तित्व दूसरों के लिए आदर्श एवं अनुकरणीय होता है।

कहने का आशय है कि हर व्यक्ति के अन्दर महान बनने के बीज छुपे होते हैं। जो व्यक्ति इस बीज को पहचान लेता है। बीज में छुपी विराट शक्ति को जान लेता है, वह हर छोटे-छोटे कार्यों को बड़ी ही बारीकी से सम्पादित कर महान बन जाता है। उसे मालूम होता है कि हर छोटे-कार्य को बेहतर ढंग से, ससमय निष्पादित कर उसकी सार्थकता सिद्ध कर, महान बना जा सकता है। वह छोटे से छोटे कार्यों को करने में कोई संकोच नहीं करता है। वह खुद श्रम करता है और दूसरों के श्रम का सम्मान करता है। उसे कार्य मूल्य की समझ होती है।

ध्यान रखें—

इस दुनिया में जितने भी व्यक्ति महान बने हैं, वे बड़े कार्यों को कर के नहीं, बल्कि छोटे-छोटे कार्यों को विशिष्टता के साथ ससमय पूरा करके बने हैं।

उन्होंने किसी भी कार्य को तुच्छ नहीं माना, बल्कि उन्होंने अपने जीवन की शुरुआत उन कार्यों से की, जिन कार्यों को अधिकांश लोग हेय दृष्टि से देखते हैं। उन्हें करने में संकोच करते हैं, जबकि महान व्यक्ति को कोई भी कार्य छोटा नहीं लगता, बल्कि उसे हर कार्य सार्थक और उत्कृष्ट दिखाई देता है। यही कारण है कि वह महान बन जाता है। ठीक इसके विपरीत जिन व्यक्तियों को महानता का अर्थ मालूम नहीं होता वे बड़े-बड़े कार्यों को करके महान बनने का सपना देखते हैं। ऐसे व्यक्तियों को लगता हैं कि महान बनने के लिए छोटे कार्य नहीं, बड़े-बड़े कार्य करने होते हैं। बड़ा कार्य करके ही महान बना जा सकता है। कुछ व्यक्तियों को लगता है कि अमीर घराने में जन्म लेकर ही महान बना जा सकता है। ऐसे व्यक्ति केवल सपने देखते रह जाते हैं। कुछ व्यक्ति पहले से ही गलत धारणा बना लेते हैं कि मेरा जन्म ही गरीब परिवार में हुआ है, मैं महान कैसे बन सकता हूँ? उन्हें यह विश्वास ही नहीं होता कि मैं भी महान बन सकता हूँ। ध्यान रखें—कोई भी व्यक्ति महान बन सकता है, बशर्ते उसे अपनी शक्ति का अहसास हो और स्व के अन्दर छुपे महानता के बीज को देख लें।

याद रखें—

कोई भी व्यक्ति जन्म से महान नहीं होता है। वह महान बनता है, अपने कर्म की उत्कृष्टता से।

सुन्दर बनने एवं सुन्दर दिखने की शक्ति

दुनिया का हर व्यक्ति सुन्दर बनना एवं सुन्दर दिखना चाहता है। सुन्दर बनना एवं दिखना भी चाहिए। सौन्दर्यवान बनना एवं सौन्दर्य की प्राप्ति करना जीवन जीने की चाह एवं राह है। हमें इसकी चाह होनी भी चाहिए। महत्त्वपूर्ण यह है कि हम सुन्दरता का अर्थ एवं औचित्य क्या समझते हैं? किस प्रकार के सौन्दर्य का पान करना चाहते हैं और किस सौन्दर्य को धारण कर सुशोभित होना चाहते हैं। मेरे विचार से सुन्दर बनने एवं सुन्दर दिखने का अर्थ अच्छे-अच्छे गुणों को धारण कर सुन्दर व्यक्तित्व का निर्माण करना है।

याद रखें—

दुनिया का हर व्यक्ति सुन्दर होता है, भले ही वह अपने को सुन्दर बनाने की कला न जानता हो।

महत्त्वपूर्ण यह है कि हम सुन्दरता का अर्थ एवं औचित्य समझें। दुख की बात यह है कि अधिकांश व्यक्ति सुन्दरता का मतलब नहीं समझते और शारीरिक सुन्दरता की चाह में भटकते रहते हैं। व्यर्थ की कल्पना में उड़ान भरते रहते हैं। आप गौर करें, तो पाएँगे कि प्रायः व्यक्ति सुन्दरता का अर्थ बाह्य सौन्दर्य, रूप-रंग, नयन-नक्श को मानते हैं। कुछ ही लोग हैं, जो सुन्दरता का सही अर्थ एवं औचित्य समझ पाते हैं। ऐसे व्यक्ति बाह्य सौन्दर्य को नहीं, अन्तः सौन्दर्य को सुन्दर मानते हैं तथा खुद और दूसरे व्यक्ति के अन्दर छिपे दिव्य सौन्दर्य का दर्शन करना चाहते हैं। कहा भी गया है—Handsom is that handsom does. यही कारण है कि वे अपने अन्दर अच्छे-अच्छे गुणों का धारण कर आन्तरिक सौन्दर्य को निखारते हैं। वे तन को नहीं, मन को सुन्दर बनाते हैं और मन की सुन्दरता को निखार कर सुन्दर दिखना चाहते हैं।

अत: सौन्दर्य से हमारा तात्पर्य मन को सुन्दर बनाना है। बाह्य व्यक्तित्व के साथ-साथ अन्त: व्यक्तित्व को सुन्दर बनाना है। कहने का तात्पर्य है कि अन्त: व्यक्तित्व को सुन्दर बनाना ही सुन्दर व्यक्तित्व का निर्माण करना है। आपके अन्दर सौन्दर्य का खजाना छिपा है। आप अपने अन्दर छुपे दिव्य सौन्दर्य का दर्शन करें एवं उसे बाहर निकाल कर सुन्दर बनें। खुद को अच्छे गुणों से सजाना ही सुन्दर बनना है। आप भी बाह्य सौन्दर्य को नहीं, अन्त: सौन्दर्य को निखारें और अच्छे गुणों को धारण कर सुन्दर व्यक्तित्व का मालिक बनें। इसके लिए व्यक्तित्व का अर्थ समझें। मूल्यों को समझें, निष्काम कार्य करें सदैव समभाव से रहें और दूसरों का कल्याण करें। ऐसा कर आप खुद एवं दूसरों की नजर में सुन्दर बन सकते हैं और सुन्दर दिख सकते हैं। आप ऐसा करके देखें, सर्वत्र आपकी सुन्दरता की प्रशंसा होगी।

ध्यान रखें—

> *सुन्दर बनने एवं दिखने की चाहत हर व्यक्ति के अन्दर होती है। परन्तु वही व्यक्ति सुन्दर बन पाता है, जो खुद का मूल्य एवं सुन्दरता का अर्थ समझता है।*

मैं तो सिर्फ इतना कहूँगा कि आप भी सुन्दरता का अर्थ एवं मर्म समझें तथा खुद को सुन्दर बनाने की कला सीखें।

मेरे विचार से सर्वप्रथम आपको सुन्दर बनने एवं दिखने का अर्थ एवं औचित्य समझना होगा? आपके नजरिये में सुन्दरता का अर्थ बाह्य सौन्दर्य को निखार कर सुन्दर बनना एवं सुन्दर दिखना है या आन्तरिक गुणों को निखारना एवं अन्तरूप को सजाना एवं सँवारना है। आप खुद सोचें और निर्णय करें। यदि आपके नजरिये में बाह्य सौन्दर्य को निखारना एवं खुद को सुन्दर बनाना है तो एक बार उसकी परिणति एवं प्रभाव पर भी विचार कर लें। आप बाह्य सौन्दर्य को निखारकर सबों का प्यारा नहीं बन सकते हैं और जिनके प्यारा बनेंगे, वह भी बहुत दिनों तक प्यारा नहीं बने रहेंगे। क्योंकि यह प्रेम नहीं आकर्षण है। जैसे ही आपके बाह्य सौन्दर्य का आकर्षण खत्म होगा, वह भी आपसे दूर चला जाएगा। अत: आन्तरिक गुणों को निखारकर सुन्दर व्यक्तित्व का मालिक बनें।

मेरे नजरिये में अपने व्यक्तित्व में अच्छे गुणों को धारण करना एवं जन-कल्याण के भाव से निष्काम कार्य करना ही सुन्दर बनना एवं दिखना है। आप बाह्य व्यक्तित्व को सुन्दर बनाने के साथ-साथ आन्तरिक व्यक्तित्व को सुन्दर

बनाने पर ध्यान दें। यही असली सुन्दरता है। अगर किसी व्यक्ति की नजर में सुन्दरता का अर्थ बाहरी रूप-रंग को निखारना, अच्छे एवं महँगे पोशाक पहनना, हीरे-मोती, सोने-चाँदी के आभूषणों से सुसज्जित होकर सुन्दर बनना है, तो पहले अपना नजरिया बदलें। इस प्रकार की सुन्दरता क्षणिक एवं अस्थायी है। सही मायने में यह सुन्दरता नहीं, बल्कि झूठी शान का प्रदर्शन है। कहने का तात्पर्य यह है कि आपके नजरिये में सुन्दरता का अर्थ क्या है? यह आपकी सोच, संगत एवं विवेक पर निर्भर करता है। अतः आपके नजरिये में सुन्दरता का जैसा अर्थ होगा, वैसा ही आप सुन्दर बनना चाहेंगे।

याद रखें—

जिस व्यक्ति की सोच व्यापक एवं दूरदर्शी नहीं, संकीर्ण एवं नकारात्मक होती है, वह बाहरी रूप-रंग, नयन-नक्श, गोरी चमड़ी, कीमती वस्त्र एवं आभूषण को ही सुन्दरता का पैमाना मानता है।

ऐसा व्यक्ति खुद इस प्रकार की सुन्दरता से सुशोभित होने के लिए नाना प्रकार का आचरण करता है। उसकी नजरें अन्तर्सौन्दर्य पर नहीं, बाह्य सौन्दर्य पर जाती है और वह बाह्य सुन्दरता के आकर्षण में इस कदर खो जाता है कि उसे लगता है स्वर्ग यही है। वह बाह्य सौन्दर्य पाने को ही जीवन का लक्ष्य मान लेता है और ऐसा व्यक्ति बाह्य सुन्दरता में ऐसा रम जाता है कि उसे वास्तविक सुन्दरता की सच्चाई दिखाई ही नहीं देती है। वह मान बैठता है कि यही असली सुन्दरता है और इसी शारीरिक सुन्दरता को पाने के लिए लालायित रहता है। उसे लगता है कि दुनिया में बाह्य सुन्दरता को पाने के सिवाय कुछ है ही नहीं। वह बाहरी सुन्दरता में इस तरह खो जाता है कि उसे यही जिन्दगी का मकसद लगता है। नतीजा वह इस रूप सौन्दर्य को पाने के लिए अपना सब कुछ न्योछावर कर देते हैं। ऐसा व्यक्ति बाह्य सौन्दर्य के रसपान करने को ही जीवन का आनन्द, सुख एवं शान्ति मानता है और जब उसके दिमाग से झूठे आकर्षण का भूत उतरता है और सौन्दर्य की असली सच्चाई का बोध होता है, तब तक बहुत देर हो चुकी होती है। उस स्थिति में उसे आत्मग्लानि के सिवा कुछ नहीं मिलता है।

ऐसे व्यक्ति अपनी अनमोल जिन्दगी को सुखद, आनन्ददायक बनाने के बजाय दुखों का सागर बना देते हैं। उन्हें लगता है कि हमने सुन्दरता का अर्थ समझने में बहुत बड़ी भूल कर दी। हमने इस अनमोल जीवन का महत्त्व नहीं समझा और इसके अन्दर छुपे दिव्य सौन्दर्य को देख नहीं पाया और न ही सौन्दर्य का

मर्म समझ पाया। इस जीवन के दिव्य सौन्दर्य को समझने में मैंने बड़ी भूल कर दी और जीवन के मूल उद्देश्य से भटक गया। सही मायने में इस जीवन का असली सौन्दर्य तो उसके अन्दर छुपा था, जिसका दर्शन कर हम धन्य हो जाते। हमारा जीवन जीना अनमोल, सार्थक एवं गौरवान्वित हो जाता। दु:ख की बात है कि जब उन्हें यथार्थ का बोध होता है तब तक वे अपना कीमती समय, धन एवं ऊर्जा सबकुछ खो चुके होते हैं। बिरले लोग ही जीवन के अन्तसौंन्दर्य को देख पाते हैं तथा उसका सही अर्थ समझ पाते हैं। जो व्यक्ति सौन्दर्य का अर्थ जान जाते हैं और अपने अन्दर छुपे दिव्य सौन्दर्य को देख लेते हैं, वे ही जीवन का इतिहास रच पाते हैं। वैसे ही लोगों की पूजा होती है। दिव्य सौन्दर्य से विभूषित व्यक्ति ही सौभाग्यशाली होते हैं और ऐसे व्यक्ति को ही संत, महासंत, महापुरुषों की उपाधि से समाज नवाजता है।

दोस्तो! मैं तो सिर्फ इतना कहूँगा कि आप सुन्दरता का अर्थ समझें और दिव्य सौन्दर्य के दर्शन करें। कदापि बाह्य सुन्दरता के भँवर-जाल में न उलझें। यह मृगतृष्णा की तरह है। आप बाह्य सौन्दर्य पाने के पीछे जितना भागेंगे, उतना ही आप धन, समय एवं ऊर्जा की बर्बादी करेंगे। दूसरे शब्दों में हम कह सकते हैं कि बाह्य सौन्दर्य के जितना नजदीक हम जाएँगे, हम उतना ही अन्त:सौन्दर्य से दूर होते जाएँगे।

ध्यान रखें—

वास्तविक सुन्दरता हमारे अन्दर है, जिसे निखारकर हम जीवन को अनमोल बना सकते हैं।

सुन्दर बनने का अनमोल खजाना आपके अन्दर है और आप बाह्य सुन्दरता को पाने में व्यग्र रहते हैं। उस सुन्दरता को पाने में अपना कीमती समय एवं निहित संसाधनों का दुरुपयोग करते रहते हैं। मेरी सलाह होगी कि आप बाह्य सुन्दरता को पाने या सुन्दर बनने में धन, समय एवं ऊर्जा का दुरुपयोग करने की जगह खुद के अन्त:सौन्दर्य को सज़ाने एवं सँवारने में उनका उपयोग करें।

शायद आपको नहीं मालूम है कि बाह्य सुन्दरता क्षणिक एवं अस्थायी है। यह भ्रमित मन एवं नकारात्मक सोच की फितरत है। इन बातों में उलझकर अपने अनमोल जीवन को मूल्यहीन न बनाएँ। अपना कीमती समय बर्बाद न करें। इसकी सार्थकता को सारहीन न बनाएँ।

याद रखें—

यह अनमोल जीवन बार-बार नहीं मिलेगा। यह जीवन बड़े सौभाग्य से प्राप्त हुआ है। इसे पग-पग पर तराशने एवं संभालकर रखने की जरूरत है।

इसके अन्दर छुपे सौन्दर्य को पहचानें, निखारें और इसकी सार्थकता साबित करें। आप उस दिव्यात्मा के अंश हैं, जिसके अन्दर दिव्य सौन्दर्य का खजाना छुपा है। आप शान्ति स्वरूप हैं, ब्रह्म स्वरूप हैं, शक्ति स्वरूप हैं। जरूरत है, केवल अपने अन्दर छुपे सौन्दर्य को जानने, पहचानने एवं निखारने की, अपने अन्दर छुपे सौन्दर्य को बाहर निकालने की। जिस दिन आप अपने अन्दर छुपे सौन्दर्य का दर्शन कर लेंगे और उसे बाहर निकाल लेंगे, आपकी गिनती महामानव में होने लगेगी।

सुन्दर दिखने एवं बनने का तात्पर्य शारीरिक रूप-रंग को सुन्दर बनाना नहीं, अन्तर्मन को सुन्दर बनाना है। अपने अन्दर छुपे गुणों को निखारना है। अच्छी आदतों को ग्रहण करना है। सौम्य, शालीन एवं व्यवहार कुशल बनना है। रूपवान नहीं, गुणवान बनना है। खामियों को खूबियों में बदलना है। यह दुनिया खुद रूप भ्रम, माया भ्रम और मोहजाल में उलझी हुई है, आप इस जाल से बाहर निकलें और उत्कृष्ट कर्म कर लोगों की नजर में सुन्दर बनें। आप रूपवान नहीं, गुणवान बनकर देखें। अपनी खामियों को खूबियों में बदलकर देखें, दीन-दुखियों की सेवा कर के देखें, जरूरतमंदों का परोपकार करके देखें, सर्वत्र आपके सुन्दरता की चर्चा होगी। आप हर व्यक्ति के चहेता बन जाएँगे और हर व्यक्ति आपकी प्रशंसा करेगा। हर व्यक्ति आपसे दोस्ती करना चाहेगा। ठीक इसके विपरीत यदि आप गुण से नहीं, रूप से सुन्दर बनते हैं तो हो सकता है कि आप कुछ लोगों के चहेता बन जाएँ, परन्तु वह भी आपका चहेता ज्यादा दिन तक नहीं रहेगा। वह आपका चहेता तब तक बना रहेगा, जब तक आपका शारीरिक सौन्दर्य बना रहेगा। आपके सौन्दर्य रूपी आकर्षण में भले ही वह आपके साथ रहे, आपसे दोस्ती कर ले, परन्तु जैसे ही आपका बाह्य आकर्षण समाप्त होगा, वह आपको छोड़ कर चलता बनेगा।

कहने का आशय है कि आप बाह्य रूप से दूसरों को आकर्षित न करें, आन्तरिक गुणों से आकर्षित करें। ऐसा आकर्षण स्थायी एवं प्रभावी होता है। जब व्यक्ति अन्दर से सुन्दर बनने का प्रयास करता है और अन्दर से सुन्दर दिखता है, तो उसके चेहरे पर गजब की लाली होती है। उसका चेहरा स्वतः खिल जाता

है और चेहरे की चमक प्रदीप्त हो उठती है। उसके होठों पर मधुर मुस्कान एवं ललाट पर प्रकाश उदीप्त होने लगता है। उसके चेहरे पर ऐसा आकर्षण होता है कि लोग स्वत: उसकी ओर आकर्षित होने लगते हैं। दूसरे उसकी संगत करने को लालायित रहते हैं। ऐसे व्यक्ति को सुन्दर दिखने के लिए कीमती कपड़े एवं गहने की जरूरत नहीं होती। उनका व्यक्तित्व साधारण कपड़े में भी चमक उठता है। उसके चेहरे की चमक अन्दर के प्रकाश से प्रकाशित हो उठती है और ऐसा व्यक्ति खुद प्रकाशित होकर दूसरों को भी प्रकाशित करते हैं। आप भी सुन्दर दिखने के लिए अपने व्यक्तित्व को सुन्दर बनाएँ। अपने अन्दर अच्छे-अच्छे गुणों को धारण कर खुद दिव्यमान बनें और दूसरों को भी करें। इस जीवन का लक्ष्य ही अज्ञान रूपी तिमिर को दूर कर ज्ञान रूपी प्रकाश से समाज को प्रकाशित करना है। दोस्तो!

याद रखें—

अपने अन्दर के अँधेरे को दूर करना, निहित खामियों को पहचानना और खामियों को खूबियों में बदलना ही तो सुन्दर बनने का मूलमंत्र है। अपने अन्दर की नकारात्मकता को दूर कर सकारात्मक बनना ही सुन्दरता है।

मेरी सलाह होगी कि अगर आप सुन्दर बनना चाहते हैं, तो ऊपर बताए गए मंत्रों को याद रखें। स्व के अन्दर छुपे अँधेरा को दूर करने के लिए खुद की नकारात्मकता को सकारात्मकता में बदलें। दुर्भावनाओं से ऊपर उठें और निहित खामियों को खूबियों मे बदलें। अच्छे लोगों की संगत करें और अच्छी सोच रखें। आप देखेंगे कि आपका चेहरा दिव्यमान हो रहा है। आप खुद प्रकाशित होकर दूसरों के लिए प्रकाश बन रहे हैं जिस प्रकाश में आपकी सुन्दरता और बढ़ जाती है। आपकी सुन्दरता की चर्चा सर्वत्र होती है और दूसरे आपको अपना आदर्श मानने लगते हैं। आपको समाज में उदाहरण के रूप में प्रस्तुत किया जाता है। इस प्रकार की सुन्दरता अमिट, स्थायी तथा दूसरों के लिए सीख एवं आदर्श होती है। ऐसे व्यक्ति की ही पूजा होती है और उन्हें सर्वत्र मान-सम्मान मिलता है। यहाँ तक कि राजा से बढ़कर गुणी (विद्वान) का महत्त्व होता है, सुभाषितानि ग्रंथ में वर्णित है—

विद्वत्वं च नृपत्वं च नैव तुल्य कदाचन।
स्वदेशे पूज्यते राजा विद्वान सर्वत्र पूज्यते॥

कहा भी गया है—

गुण की पूजा सर्वत्र होती है, रूप की नहीं।

आप रूपवान नहीं, गुणवान बनें और रूप की नहीं, गुण की पूजा करें। यही असली सौन्दर्य है। ऊपर्युक्त तथ्यों से स्पष्ट है कि इस दुनिया में जितनी भी सजीव एवं निर्जीव वस्तुएँ हैं, उनमें सबसे सुन्दर हमारा जीवन है। अत: हम अपने अन्दर छुपे दिव्य सौन्दर्य का दर्शन कर खुद को सुन्दर बनाएँ।

संयम एवं सहनशीलता की शक्ति

किसी व्यक्ति के व्यक्तित्व में निहित सहनशीलता एक ऐसा गुण है, जो उसकी शक्ति को द्विगुणित कर देती है। सहनशील व्यक्ति विकट-से-विकट परिस्थिति में भी धैर्य नहीं खोते और उत्पन्न हालात में भी हँसते-मुस्कुराते रहते हैं। ये विपरीत परिस्थिति में भी संयमित रहते हैं। यही कारण है कि वे विकट हालात से भी सहजतापूर्वक बाहर निकलने में सफल होते हैं। सहनशीलता से हमारा अभिप्राय खुद कष्ट में रहकर भी दूसरों के दुख का हरण करना है, दीन-दुखियों की सेवा करना है। यह हमारे अन्दर का संवेग है, क्षमा, त्याग, दया एवं सेवा भाव है। खुद का अनुशासन एवं संयम है। परन्तु ध्यान रखें—यह संवेग, भाव एवं शक्ति उसी व्यक्ति में होते हैं, जिनके व्यवहार में विनम्रता, वाणी में मधुरता, सोच में समझदारी एवं विपरीत हालात में भी धैर्य रखने जैसे गुण होते हैं। यदि आपके व्यक्तित्व में ऊपर्युक्त गुणों का समावेश है, तो आपके अन्दर संयम एवं सहनशीलता की शक्ति है, ठीक इसके विपरीत यदि आपके व्यक्तित्व में ऊपरोक्त गुणों का अभाव है तो आप सहनशील नहीं हैं। सहनशीलता किसी व्यक्ति के व्यक्तित्व में निहित ऐसा गुण है, जिसके समावेश होने से व्यक्ति के अन्दर बहुत सारे गुण स्वतः शामिल हो जाते हैं। जैसे—धैर्य, संयम, लोच, क्षमा, त्याग, विनम्रता, मधुरता सहिष्णुता, एवं सेवा भाव।

ध्यान रखें—

> *सहनशीलता का मतलब यह नहीं है कि आप बेवजह दूसरों की गाली सुनते रहें, अन्याय एवं अत्याचार का प्रतिरोध न करें, दूसरों की गलत बातों को चुपचाप मानते रहें।*

सहनशीलता उत्कृष्ट मानवीय संवेदना है, जिसका अभिप्राय खुद कष्ट में रहकर भी दूसरों का कल्याण करना है। मूल्यों की रक्षा करना और मूल्यों के साथ

चलना है। स्वयं कष्ट में रहकर भी दूसरों के कष्ट को दूर करना है। दीन-दुखियों की सेवा करनी है। इस अनमोल जीवन की सबसे बड़ी विशेषता सहनशीलता है, यह हमें सुख और दुख दोनों स्थिति में धैर्य रखना सिखाती है। खुद और दीन-दुखियों के कष्ट को दूर करने की सीख देती है। यह प्रशंसा और आलोचना दोनों में समभाव रहने की सीख देती है। सहनशील व्यक्ति प्रशंसा मिलने पर न तो बहुत खुश होता है और न ही आलोचना मिलने पर क्रोध करता है। यह हमें संयमित बनाती है और हमारे व्यक्तित्व को निर्मल एवं सुवासित बनाती है। यह हमारे व्यवहार को सौम्य एवं शालीन बनाती है, जो हमारे चेहरे एवं शरीर के हाव-भाव से प्रदर्शित होते हैं।

दोस्तो—सहनशीलता धारण करने के लिए आपको बाहर भटकने की आवश्यकता नहीं है। खुद को संयमित एवं परिपक्व बनाने की जरूरत है। खुद के व्यक्तित्व में विनम्रता, प्रेम, सहयोग, सद्भाव, दया, क्षमा, त्याग भाव को समाहित करने की जरूरत है। अगर आपके व्यक्तित्व में ऊपर्युक्त गुण शामिल हैं, तो आप सहनशील हैं। अगर आप दूसरों के प्रति क्षमा, त्याग, दया, सहयोग, सद्भाव का भाव नहीं रखेंगे और दूसरों से इसकी आशा रखेंगे तो यह सम्भव नहीं है। आप अपने लिए जिस व्यवहार की आशा दूसरों से करते हैं, वैसा ही व्यवहार आप दूसरों के साथ करें। आप दूसरों का व्यवहार बदलने के पूर्व खुद का व्यवहार बदल कर देखें। क्रोध, अहं, ईर्ष्या, द्वेष जैसे दुर्गुण को त्याग करके देखें। आपके व्यक्तित्व में सहनशीलता स्वत: शामिल हो जाएगी।

आप गौर करें, तो पाएँगे कि प्राय: व्यक्ति गलती करते हैं और दूसरों से एक्सक्यूज बोलते हैं। लेकिन अपने कृत्य और व्यवहार में सुधार नहीं लाते हैं। आप खुद सोंचे—क्या एक्सक्यूज, सॉरी बोल देने से आपकी गलती दूर हो जाती है या आप गलती करना छोड़ देते हैं।

ध्यान रखें—

जब आप अपनी गलती स्वीकार नहीं करेंगे, अपने व्यवहार में परिवर्तन नहीं लाएँगे और दूसरों के प्रति ईर्ष्या-द्वेष रखेंगे उस स्थिति में आप सहनशील नहीं बन पाएँगे।

अगर आप सहनशील बनना चाहते हैं तो खुद को नियंत्रित करें, मन पर काबू रखें, अपने अन्दर दया, क्षमा, त्याग, सहयोग, सद्भाव की आदतें डालें तथा क्रोध, अहं, ईर्ष्या-द्वेष का त्याग करें। अपने व्यवहार में विनम्रता एवं मृदुलता शमिल करें। खुद संयमित रहें और हर प्राणी को समभाव से देखें। आपके अन्दर

ऊपर्युक्त गुण निहित हैं, आपको उसे निखारने एवं व्यवहार में लाने की जरूरत है। ऐसा वही व्यक्ति कर सकता है, जिसे जीवन का मूल्य मालूम हो और इस बात की समझ हो कि खुद और दूसरों का जीवन अनमोल है।

सहनशीलता से हमारा तात्पर्य हर परिस्थिति को समभाव से देखना है। खुद दुखों का सहन करते हुए भी दूसरों का कल्याण करना है। दूसरों को सुख-शांति पहुँचाना है। खुद विकट परिस्थिति का सामना करते हुए जग का कल्याण करना है। खुद की गलती स्वीकार कर गलती में सुधार लाना तथा दूसरों की गलती को क्षमा करना है। समाज एवं देश हित में निहित सम्पदा का मोह त्याग करना है। नि:सहाय, बुजुर्गों की सेवा करना तथा निर्बल एवं कमजोर के ऊपर दया करनी है। अगर ये गुण आपके अन्दर हैं, तो आप सहनशील व्यक्तित्व के मालिक हैं। आप में सहनशीलता की शक्ति है। आप औरों से अलग हैं और आपको जीवन मूल्य की समझ है। सहनशीलता का मतलब यह नहीं है कि आपका कोई शोषण करता रहे और आप चुपचाप देखते रहें। ऐसा करना कायरता है। अगर आप ऐसा करते हैं तो इसका मतलब है कि आप सहनशील नहीं कायर हैं। आपके अन्दर गलत कार्यों का विरोध करने का साहस नहीं है। ऐसा व्यक्ति मन से कमजोर और समाज के लिए बोझ है।

सहनशीलता का अर्थ सीमित नहीं व्यापक है। यह आपको बहुत-सी बातें सिखाती है। आप बड़े बुजुर्गों की खरी एवं कड़वी बातों को सहन कर जिन्दगी जीने का गुर सीखते हैं। जैसे—गलती करने पर डाँट खाना, नहीं पढ़ने पर डाँट खाना, काम नहीं करने पर डाँट खाना, दूसरों के साथ अभद्र व्यवहार करने पर डाँट खाना। ये बातें व्यक्ति को सहनशील बनाने के साथ-साथ, बेहतर करने एवं बेहतर बनने में मदद करती हैं। मेरे विचार से सहनशीलता का अर्थ—"व्यवहार में शिष्टता, वाणी में मधुरता तथा दूसरों की खरी एवं कड़ी बातों को सहर्ष स्वीकार करना है।" खुद के व्यवहार को संयत रखना तथा अपनी बातों को दूसरों के समक्ष विनम्रतापूर्वक रखना ही तो सहनशीलता है। स्वयं को हर परिस्थिति में नियंत्रित एवं संयमित रखना ही तो सहनशीलता है। सहनशीलता खुद को बेहतर बनाने की कला है तथा दूसरों को मदद करने की शक्ति है। यह सेवा भाव, दया भाव और क्षमा-भाव है। इससे खुद को खुशी मिलती है और दूसरों का कल्याण होता है। आप सहनशील जरूर बनें, परन्तु इस बात का ध्यान रखें कि—आपकी सहनशीलता का गलत लाभ दूसरा न उठाए। दोस्तो! सहनशीलता का मतलब यह नहीं है कि आप मूल्यों से परे जाकर किसी अन्यायी, अत्याचारी एवं दुराचारी का साथ दें। सहनशीलता का मतलब व्यवहार को शिष्ट एवं शालीन बनाना है,

अपने व्यक्तित्व में विनम्रता को शामिल करना, अहंकार का त्याग करना, क्रोध पर विजय प्राप्त करना, दुख की घड़ी में धैर्य रखना तथा कष्ट में रहकर भी लोगों का कल्याण करना है।

याद रखें—

सौम्य एवं सहनशील व्यक्ति की प्रशंसा सर्वत्र होती है, कटु एवं निर्दयी व्यक्ति की नहीं।

अगर आप भी अपने जीवन को अनमोल बनाना चाहते हैं, खुद का औचित्य साकार करना चाहते हैं, सभ्य कहलाना चाहते हैं, तो सौम्य एवं सहनशील बनें। सही मायने में सहनशीलता किसी व्यक्ति के व्यक्तित्व में निहित एक ऐसा गुण है, जो व्यक्ति को सदैव अच्छा करने एवं अच्छा बनने की सीख देती है। यह विकट परिस्थिति में भी खुद को संयमित रखते हुए उत्पन्न हालात का मुकाबला धैयपूर्वक करने की सीख देती है। यह आपको संयमित रखते हुए अनुशासन का पाठ पढ़ाती है और सफलता के करीब ले जाती है। फलत: आप व्यवहारकुशल एवं सुन्दर व्यक्तित्व के मालिक बनते हैं।

आप गौर करें, तो पाएँगे कि पुरुषों की तुलना में महिलाओं के अन्दर सहनशीलता की शक्ति अधिक पायी जाती है। यही कारण है कि वे दुख की घड़ी को भी बड़ी ही सहजता से झेल लेती हैं। वे दुख की घड़ी में भी मुस्कुराती रहती हैं और दूसरों की सेवा करती रहती हैं, परन्तु उफ तक नहीं करतीं। उनके अन्दर सहनशीलता का गुण कूट-कूट कर भरा होता है। वे अपने बच्चों को बेहतर बनाने तथा परिवार को आगे बढ़ाने के लिए खुद विभिन्न कष्टों को सहन करती हैं। परन्तु अपने दुखों के बारे में किसी को नहीं बतलाती हैं। बच्चे एवं पति के चेहरे पर मुस्कुराहट बनी रहे, इसके लिए वे अपने समस्त दुखों को भूल जाती हैं। अपने चेहरे पर उदासी का भाव नहीं आने देती हैं। विभिन्न प्रकार के कष्टों को झेलकर भी वे अपने बच्चों एवं परिवार का कल्याण चाहती हैं। उनके कल्याण के लिए विभिन्न देवी, देवताओं की आराधना कई दिनों तक भूखे रह कर करती हैं। परिवार हित में वे अपने तमाम गमों को भूल जाती हैं और चूँ तक नहीं करतीं। इसीलिए महिलाओं को देवी, शक्ति इत्यादि विभिन्न नामों से पुकारा जाता है। इस जगत में नारी सहनशीलता का पर्याय है। वे अपने परिवार के कल्याण हेतु अपनी सारी सुख-सुविधाएँ न्योछावर कर देती हैं। उनके पति अच्छा करें, उनके बच्चे अच्छा करें, इसके लिए अपनी समस्त सुख-सुविधाओं का त्याग कर देती हैं और दुखों को चुपचाप सहन

करती रहती हैं। वे मानती हैं कि मुझे यह जीवन दूसरों के कष्टों का हरण करने के लिए ही मिला है। यही कारण है कि शक्ति के रूप में माँ दुर्गे की पूजा, धन के रूप में माँ लक्ष्मी की पूजा, सौम्य, शालीन एवं ज्ञान के रूप में माँ सरस्वती की पूजा की जाती है। यदि इस शक्ति की अनुभूति पुरुष करने लगे, तो वह भी देवता बन जाएगा।

ऐसा नहीं है कि पुरुषों में सहनशीलता की शक्ति नहीं होती है। सहनशीलता की शक्ति हर व्यक्ति में होती है। हर व्यक्ति जिन्दगी जीने के लिए भीषण ठंड, प्रचंड गर्मी को सहन करता है। विभिन्न प्रकार की कृत्रिम एवं प्राकृतिक आपदाओं से उत्पन्न झंझावात को सहन करता है। परन्तु जो व्यक्ति कष्टों का सहन अपने हित में नहीं, जग कल्याणार्थ करता है वह साधारण मानव से महामानव बन जाता है। आपको बहुत सारे उदाहरण मिल जाएँगे, जिन्होंने समस्त सुख-सुविधाओं को त्यागकर जग कल्याणार्थ विभिन्न कष्टों को झेला। विभिन्न प्रकार की यातनाएँ सहन की, परन्तु अपने दुखों का बखान किसी के समक्ष नहीं किया और समाज कल्याण में लगे रहे। ऐसे लोग समाज के लिए सीख बन गए। आप भी सहनशक्ति को विकसित करें और सहनशील बनकर देखें। आप आम से खास और साधारण मानव से महामानव बन जाएँगे। उदाहरण के तौर पर आप महात्मा बुद्ध, भगवान महावीर को ले सकते हैं। इन महापुरुषों ने राज परिवार में जन्म लेकर भी लोगों के दुखों को समझा और अपनी समस्त सुख सुविधाओं का त्याग कर क्षमा, त्याग की प्रतिमूर्ति बन गए। दोस्तो "जीवन में सुखद एवं दुखद दोनों परिस्थितियाँ आती हैं। जो दोनों परिस्थितियों को समभाव से देखते हैं, वे ही जीवन का औचित्य साकार कर पाते हैं।"

ध्यान रखें—

किसी व्यक्ति के अन्दर संयम एवं सहनशीलता की शक्ति ऐसी शक्ति है जो उस व्यक्ति के व्यक्तित्व को तपाकर उसमें निखार लाती है।

ऐसे व्यक्ति विकट परिस्थिति में भी हँसते-मुस्कुराते रहते हैं और उत्पन्न हालात से जिन्दगी जीने का गुर सीखते हैं। यह व्यक्ति के व्यक्तित्व को धीर, गम्भीर, क्षमाशील, त्यागी एवं सहनशील बनाकर हीरे की भाँति चमका देती है। किसी व्यक्ति के व्यक्तित्व में निहित यह शक्ति उसे विनम्रता, लोच, त्याग, क्षमा, परोपकार जैसे गुणों से ओत-प्रोत करती है तथा दुखद-से-दुखद स्थिति एवं विकट से विकट परिस्थिति से बाहर निकलने का संबल प्रदान करती है। यह मूल्यों पर चलने की सीख और अच्छाई पर चलने का मार्ग दिखाती है।

याद रखें—

किसी भी दुखद घड़ी से बाहर निकलने का सर्वश्रेष्ठ मार्ग संयम है और खुद को श्रेष्ठ साबित करने का मार्ग सहनशीलता है।

आप मातृशक्ति को देखें! विभिन्न दुखों को सहन कर भूखे पेट रह कर भी माँ अपने बच्चे को हर लाड़-प्यार एवं सुख-सुविधा देती है। यही कारण है कि हम उन्हें देवी कहते हैं। आप भी देवी या देवता कहलाना चाहते हैं, तो संयमी बनें, सहनशील बनें।

संयमी व्यक्ति का व्यक्तित्व धीर-गम्भीर, अन्तर्मुखी, परोपकारी, लगनशील होता है। वे अपने कर्त्तव्य एवं दायित्वों के प्रति संवेदनशील होते हैं। वे अपने दुखों की चिन्ता नहीं, दूसरों के दुखों को दूर करने में लगे रहते हैं। उन्हें अपने कष्ट की नहीं, दूसरों का कष्ट दूर करने की चिन्ता होती है। कहने का अभिप्राय यह है कि सहनशील व्यक्ति दूसरों की बुराई नहीं, अपनी बुराई देखता है। दूसरों की खामियों को नहीं अपनी खामियों को देखता है। वह दूसरों की सफलता से सीख लेता है और अपनी असफलता के कारणों को ढूँढ़ता है। वह दूसरे की गलती नहीं, अपनी गलती को ढूँढ़ता है। वह आलोचना से घबराता नहीं, बल्कि आलोचना से सीख लेता है। वह अपनी खामियों को दूर करता है और अच्छाइयों को ग्रहण करता है। किसी कार्य में बार-बार असफल होने के ऊपरान्त भी धैर्य नहीं खोता, बल्कि संयम का परिचय देता है। यही कारण है कि सहनशील व्यक्ति विकट से विकट परिस्थिति में उत्पन्न हालात से बाहर निकलने में सफल होते हैं।

दूसरे शब्दों में हम कह सकते हैं कि धैर्य धारण करने का ही दूसरा नाम सहनशीलता है। सहनशील व्यक्ति दूसरों की बातों को बड़ी ही गम्भीरता से सुनता है और उत्पन्न हालातों का मुकाबला धैर्यपूर्वक करता है। वह परिस्थिति को दोष नहीं देता, बल्कि उत्पन्न हालात से बाहर निकलने की बात सोचता है। परिस्थितियाँ कितनी भी विपरीत क्यों न हों, वह परिस्थिति को परखता है और उसी में नए अवसर की तलाश करता है। मेरा मानना है कि यदि आप सुन्दर व्यक्तित्व का मालिक बनना चाहते हैं तो सहनशील बनें। सहनशक्ति को परिवर्द्धित करें। शायद आपको नहीं मालूम—"सहनशील व्यक्ति के व्यक्तित्व से बहुत सारे दुर्गुण जैसे—अहंकार, ईर्ष्या, लोभ, लालच स्वतः दूर हो जाते हैं और सद्गुण, विनम्रता, मधुरता, लोच, क्षमा, त्याग आदि गुण शामिल हो जाते हैं, जो उनके अन्दर अतिरिक्त ऊर्जा एवं उत्साह का संचार करते हैं।" यही ऊर्जा उन्हें उन्नति के मार्ग पर ले जाती है। सहनशीलता का अर्थ न्याय के साथ विकास करना है। अत्याचारी एवं अन्यायी

को कुमार्ग से सुमार्ग पर लाना है। आप गलत व्यक्ति को मुख्य धारा में लाने के लिए कष्ट सहें, ताकि आप उन्हें रास्ता दिखा सकें। ऐसा करना ही सहनशीलता और जीवन की अनमोलता है और यह शक्ति आपके अन्दर है।

इस दुनिया में अनेक ऋषि-महर्षियों, संत-महासंतों का अवतरण हुआ जिन्होंने विभिन्न यातनाओं को सहकर भी अपना पूरा जीवन जनमानस के कल्याण में लगा दिया। अपना सारा सुख-वैभव त्याग कर जग कल्याणार्थ अपना जीवन समर्पित कर दिया। जनहित में विभिन्न कष्टों को सहन किया, परन्तु उफ तक नहीं किया। उदाहरण के तौर पर आप गौतम बुद्ध को ही लें। उनका जन्म राजघराने में हुआ था, परन्तु उन्होंने राजसी सुख-सुविधाओं का त्याग कर विभिन्न प्रकार के दुखों एवं यातनाओं को सहन किया। विविध दुखों एवं यातनाओं को सहन कर जग कल्याणार्थ ज्ञान की प्राप्ति की। ज्ञान प्राप्ति ऊपरान्त बौद्ध धर्म की स्थापना कर दुनिया को नई राह दिखाई। भगवान महावीर, ईसा मसीह, स्वामी विवेकानन्द, संत कबीर, गुरू नानक, मोहम्मद पैगम्बर आदि महापुरुषों ने भी विभिन्न दुखों को सहन कर लोगों का कल्याण किया। दुनिया को नई राह दिखाने हेतु सुख-सुविधाओं का त्याग किया। विभिन्न दार्शनिकों ने भी गरीबी एवं संसाधनों की कमी की परवाह न कर अपने विचारों को संकलित किया ताकि आनेवाली पीढ़ियाँ उनका लाभ उठा सकें। उनका कल्याण हो सके। यही कारण है कि इन महान विभूतियों का नाम इतिहास के पन्नों पर लिखा गया।

दोस्तो! सहनशीलता की शक्ति सभी प्राणियों में होती है, लेकिन मनुष्य के अन्दर यह शक्ति अद्भुत है। वह विभिन्न दुखों का सहन कर खुद और दूसरों का कल्याण कर सकता है। अन्य प्राणी केवल अपने दुखों की अनुभूति करते हैं और उन्हें सहन करते हैं, जबकि मनुष्य न केवल अपने दुखों की अनुभूति करता है, बल्कि दूसरों के दुःखों की भी अनुभूति कर उन्हें दुखों से बाहर निकलने में मदद करता है। वह केवल अनुभूति ही नहीं करता, बल्कि खुद कष्ट में रहकर भी दूसरों के दुख को दूर करता है। उसकी भावना सर्वजन हिताय एवं सर्वजन सुखाय की होती है। कहने का आशय है कि आप सहनशीलता का अर्थ एवं मर्म समझें और इस शक्ति का सदुपयोग जग-कल्याणार्थ करें। इस अनमोल जीवन का उद्देश्य भी जग का कल्याण करना ही है।

दुर्भावनाओं से ऊपर उठने की शक्ति

हर व्यक्ति किसी-न-किसी दुर्भावना से ग्रसित होता है। दुर्भावना से ग्रसित होना मनुष्य की स्वाभाविक प्रवृत्ति है, लेकिन इससे ऊपर उठना ही मानवता है, जीवन की अनमोलता है। मेरा मानना है कि दुनिया का कोई भी व्यक्ति दुर्भावनाओं से मुक्त नहीं है। उसमें किसी न किसी प्रकार की दुर्भावना होती ही है। इन दुर्भावनाओं में मुख्यत: ईर्ष्या, द्वेष, अहंकार, लोभ, लालच है। प्राय: व्यक्ति इन से ग्रसित होता है कम या ज्यादा। जिस व्यक्ति के अन्दर ये सीमा से अधिक होती है, उसका जीवन नरक बन जाता है। ठीक इसके विपरीत जो व्यक्ति इन से ऊपर उठ जाते हैं, वे मानव से महामानव बन जाते हैं। हम दुर्भावनाओं से ऊपर उठ सकते हैं और इनसे बाहर निकलने की शक्ति हमारे अन्दर है। भले ही हम इन दुर्भावनाओं से बाहर निकलने का प्रयास नहीं करें। यदि हम इनसे ऊपर उठने का प्रयास नहीं करें तो इस अनमोल जीवन का कोई औचित्य नहीं रह जाता है।

याद रखें—

> *दुर्भावनाएँ किसी के हित में नहीं होती हैं। ये हमें मूल्यों से भटका देती हैं।*

ये समाज में समरसता स्थापित करने तथा प्रगति के मार्ग में बाधक होती हैं। ये जीवन की अनमोलता को साकार करने की राह में अवरोध हैं। आप इन दुर्भावनाओं से ग्रसित रहकर बेहतर इंसान नहीं बन सकते हैं। एक बेहतर इंसान बनने की राह में सबसे बड़ी बाधा हमारी खुद की दुर्भावना है। इन दुर्गुणों से निजात पाकर ही हम बेहतर इंसान बन सकते हैं।

याद रखें—

दुर्भावनाओं से ग्रसित व्यक्ति अपने जीवन में कदापि सफल नहीं हो पाता है। सफलता तो दूर की बात है, वह मनुष्य होते हुए भी मनुष्य नहीं रह जाता है।

मेरा विनम्र अनुरोध है कि आप इन दुर्भावनाओं से ऊपर उठें और इनका परित्याग करें। आप दुर्भावनाओं से बाहर निकल सकते हैं, इतनी शक्ति आपके अन्दर है। इसको आपने खुद उत्पन्न किया है और इसका पोषण भी आप खुद करते हैं। आपके अन्दर निहित दुर्भावनाओं का पोषण कोई दूसरा नहीं करता है। यदि आपके अन्दर दुर्भावनाएँ हैं तो इसके लिए आप स्वयं जिम्मेवार हैं। अतः बुद्धिमानी यह है कि आप निहित दुर्भावन्नाओं से ऊपर उठने का प्रयास करें। जो व्यक्ति इनसे ऊपर उठ जाते हैं और इन्हें दिल एवं दिमाग से बाहर निकाल देते हैं, वे महान बन जाते हैं। ऐसे व्यक्ति ही अपने जीवन का औचित्य साकार करने में सफल होते हैं। दूसरे शब्दों में हम कह सकते हैं कि वे ही व्यक्ति महान बन पाते हैं, जो इन से ऊपर उठ जाते हैं और खुद की श्रेष्ठता साबित करते हैं। इसके लिए महत्त्वपूर्ण है कि हम इस अनमोल जीवन का मूल्य समझें। खुद की शक्ति को जानें-पहचानें एवं अनमोल जीवन का औचित्य साकार करें। खुद को अच्छा बनाने एवं अच्छा साबित करने के लिए इनसे ऊपर उठना होगा अन्यथा आप दुर्भावनाओं के शिकार हो जाएँगे। इनसे बाहर निकलने के लिए अपने अन्दर की नकारात्मकता को सकारात्मकता में बदलें। मेरे विचार से दुर्भावनाओं से बाहर निकलने का सरल उपाय है—

सकारात्मक सोचें, रचनात्मक करें। विनम्रता से दोस्ती करें, सहनशील बनें तथा क्षमा, त्याग का भाव रखें।

याद रखें—

दुर्भावनाएँ कभी भी किसी का कल्याण नहीं करतीं, ये हमेशा खुद को और दूसरों को नुकसान पहुँचाती हैं।

अगर आप अमीर हैं, ज्ञानी हैं, बलशाली हैं तो इसका सदुपयोग रचनात्मक कार्यों में करें। इस अहं में दूसरों को हानि न पहुँचाएँ। अगर कोई व्यक्ति आपसे धनी एवं बलशाली है, तो उनसे ईर्ष्या-द्वेष न रखें। धन एवं बल के दर्प में अहंकारी न बनें। विनम्र एवं क्षमाशील बनें। अगर आप ज्ञानी हैं, तो अपने ज्ञान

पर घमंड न करें। मधुर बनें ज्ञान की रौशनी फैलायें। ईश्वर को नमन करें कि उसने आपको योग्य समझा। आप समाज का शुक्रिया करें कि उसने आपको समुचित साधन उपलब्ध कराया। अगर आप सफल हैं, तो अपनी सफलता पर घमंड न करें, बल्कि विनम्रतापूर्वक और बेहतर करने की सीख लें। इस दुनिया में धनी, बलशाली, ज्ञानी एवं सफल व्यक्तियों की कमी नहीं है। अगर कमी है तो दुर्भावना से ऊपर उठने एवं मानवीय गुणों पर खरा उतरने वालों की। दुर्भावना खुद का सबसे बड़ा दुश्मन है, जो व्यक्ति को अन्दर ही अन्दर खोखला कर देती है और उसका आत्म-सुख, शान्ति छीन लेती है।

याद रखें—

दुर्भावनाओं से ग्रसित व्यक्ति दूसरों को नहीं, खुद को नुकसान पहुँचाता है।

आप गौर करें, तो पाएँगे कि हर व्यक्ति किसी-न-किसी दुर्भावना से ग्रसित होता है। कोई किसी की सफलता को देख कर, कोई किसी की विभिन्न सुख-सुविधाओं को देखकर, कोई किसी का अच्छा मकान एवं वेश-भूषा देखकर ईर्ष्या-द्वेष करता है। कोई दूसरे की सुन्दर बीवी एवं आलीशान मकान देखकर जलता है। कोई व्यक्ति अपने धन एवं बल पर अहंकार करता है, तो कोई अपने रूप पर घमंड करता है। कोई अपने पद पर घमंड करता है, तो कोई अपनी विद्वता पर घमंड करता है। ऐसा व्यक्ति अपनी दुर्भावनाओं से बाहर नहीं निकल पाता है। इसका कारण है, उसकी सोच सकारात्मक एवं कृत रचनात्मक नहीं होते। वे नकारात्मक सोच से ग्रसित रहते हैं और धन एवं बल का सदुपयोग करना नहीं जानते। उन्हें यह मालूम ही नहीं होता कि वे उक्त धन के मालिक नहीं, प्रबंधक हैं। कोई भी व्यक्ति जब तक धन का सही प्रबंधन करता है, तब तक धन उसके पास रहता है अन्यथा उसके हाथों से निकलकर दूसरों के हाथ चला जाता है। अतः आप इस भ्रम में न रहें कि आप धन के मालिक हैं। आप सिर्फ और सिर्फ उसके प्रबंधक हैं। कहने का आशय है कि आप धनी हैं, तो धन का सदुपयोग रचनात्मक कार्यों एवं जग कल्याण में करें।

याद रखें—

धन, बल, पद एवं ज्ञान घमंड करने के लिए नहीं विनम्र बनने एवं दूसरों का कल्याण करने के लिए मिला है।

आप इन चीजों का महत्त्व समझें। सफलता प्राप्ति के लिए घमंड करने की

जरूरत नहीं, मधुर एवं सहनशील बनने की जरूरत है। किसी व्यक्ति की सफलता को देख ईर्ष्या नहीं करें, बल्कि अपनी खामियों को खूबियों में बदलें। यदि आप दूसरों की सफलता को देख ईर्ष्या, द्वेष करते हैं, तो आप खुद जलते रहते हैं। यह आपको इतना नीचे ले जाती है कि चाहकर भी आप ऊपर नहीं उठ पाते हैं। अगर आप सफल होना चाहते हैं, तो ईर्ष्या-द्वेष से ऊपर उठें। यदि आप अच्छा आदमी बनना चाहते हैं और जीवन का औचित्य साकार करना चाहते हैं, तो निहित दुर्भावनाओं से ऊपर उठें।

ऐसा भी देखने को मिलता है कि आप अपनी जिन्दगी मजे में जी रहे हैं। अच्छा खाना खा रहे हैं, अच्छे कपड़े पहन रहे हैं, लेकिन यदि आपका पड़ोसी आपसे अच्छा खाना खाता है, अच्छा पहनता है, अच्छा मकान बना लेता है, तो आपको ईर्ष्या होने लगती है। इस प्रकार की ईर्ष्या आपको अच्छे मार्ग पर ले जाने के बजाय कुमार्ग पर ले जाती है। यही आपकी अवनति का कारण बनता है। यदि आप उन्नति के मार्ग पर निरन्तर बढ़ना चाहते हैं, सफलता की ऊँचाइयों को छूना चाहते हैं, जीवन का औचित्य साकार करना चाहते हैं, तो ईर्ष्या-द्वेष से ऊपर उठें और निहित दुर्भावनाओं का त्याग करें। परन्तु दुर्भाग्य की बात यह है कि अधिकांश व्यक्ति दुर्भावनाओं से ऊपर उठने का प्रयास ही नहीं करते हैं। उल्टे दूसरों के सुख से दुखी रहते हैं। इसी सन्दर्भ में संतों ने कहा है—

व्यक्ति अपने दुख से नहीं, दूसरों के सुख को देखकर ज्यादा दुखी है।

कहने का आशय यह है कि अधिकांश व्यक्ति दूसरों की सफलता को देख, दूसरों की खुशी को देख, दूसरों की प्रगति को देख सीख नहीं लेते। आगे बढ़ने का प्रयास नहीं करते, रचनात्मक सोच नहीं रखते और ईर्ष्या-द्वेष पाल लेते हैं। अगर वे भी उनकी सफलता से सीख लेते, सच्चे मन से आगे बढ़ने का प्रयास करते, खुद की दुर्भावनाओं से ऊपर उठ जाते, तो सम्भव था कि वे भी सफल होते। अच्छी जिन्दगी जीते, लेकिन दुख की बात यह है कि अधिकांश व्यक्ति दूसरे की सफलता और सुख सुविधाओं को देखकर ही द्वेष करने लगते हैं। उनका पैर खींचने में लगे रहते हैं। नतीजा वे खुद नीचे गिरते चले जाते हैं। शायद उन्हें यह मालूम नहीं होता कि द्वेष रखना किसी भी दृष्टिकोण से सही नहीं है। यह प्रगति के मार्ग में अवरोध है। दुर्भावना से ग्रसित व्यक्ति अपने जीवन में कदापि सफल नहीं हो पाता और न ही विभिन्न सुख-सुविधाओं को प्राप्त कर पाता है। सफल होने तथा सुख-सुविधाओं को प्राप्त करने हेतु कड़ी मेहनत करनी होती है। दुर्भावनाओं से ऊपर उठना होता है और सद्गुणों को धारण करना होता है। खुद

तथा अपने अन्दर छुपी शक्ति पर विश्वास करना होता है तथा दूसरों की सफलता से सीख लेकर कारगर प्रयास करने होते हैं। ऐसा नहीं है कि आप दुर्भावना से ग्रसित भी रहेंगे और सफलता की चाह भी रखेंगे, तो सफल हो जाएँगे। सफलता पाने के लिए दुर्भावनाओं से ऊपर उठें।

ध्यान रखें—

ईर्ष्या, द्वेष, अहंकार, लोभ, लालच हमारे अन्दर पाई जाने वाली ऐसी दुर्भावनाएँ हैं, जो हमें कहीं का नहीं छोड़तीं।

अगर हमारे बीच का कोई अच्छा करता है, अच्छा पहनता है, अच्छा घर बनाकर रहता है, तो हमें ईर्ष्या द्वेष नहीं करनी चाहिए बल्कि उनसे सीख लेनी चाहिए। आप उनकी सफलता से सीख लेकर ही आगे बढ़ सकते हैं, ईर्ष्या कर के नहीं। सीखने को जीवन की नियति बनाएँ तथा हमेशा सीखने की आदत डालें। ईश्वर ने हमें सोचने-समझने की शक्ति इसलिए दी है कि हम खुद बेहतर करें और दूसरों को बेहतर करने में मदद करें। अगर हम बेहतर पाने का प्रयास नहीं करें और दूसरों को अच्छा करते देख ईर्ष्या-द्वेष रखें तो हम कदापि बेहतर नहीं कर पाएँगे, उल्टे अपने पैर पर कुल्हाड़ी चलाएँगे। ऐसे कृत्य मूर्खता और मानवीय कलंक हैं। ऐसा कर आप खुद और समाज के लिए बोझ बन जाएँगे।

याद रखें—

आप बोझ नहीं, खुशबू बनने आए हैं। दुर्भावनाओं से ऊपर उठें और सर्वत्र सुगन्ध फैलाने की दिशा में प्रयास करें।

यदि आप दुर्भावनाओं से ऊपर उठना चाहते हैं, तो प्रकृति से सीख लें। प्रकृति में रह रहे विविध जीव-जन्तुओं और पेड़-पौधों को देखें। वे एक दूसरे से ईर्ष्या-द्वेष नहीं रखते और न ही दूसरों का पैर खींचने में लगे रहते हैं। खुद संघर्ष करते हैं और दूसरों को भी आगे बढ़ने में सहयोग करते हैं। वे अपनी-अपनी क्षमता एवं शक्ति के अनुरूप आगे बढ़ते रहते हैं। उनमें आगे बढ़ने की होड़ लगी रहती है। परन्तु एक दूसरे से द्वेष नहीं करते हैं। आप बहती नदियों एवं झरनों को देखें, वे किसी भी प्राणी के साथ विभेद नहीं करते। जो भी प्राणी उनके पानी का उपयोग करते हैं, उन प्राणियों से ईर्ष्या नहीं, प्यार करते हैं। अपने जल के सदुपयोग में वे जाति, धर्म, वर्ग के आधार पर कोई विभेद नहीं करते हैं। उसी जल में लोग फूल भी डालते हैं और मल-मूत्र भी, कचरा भी डालते हैं, परन्तु वे किसी को मना नहीं करते। वे किसी से घृणा भी नहीं करते हैं। असाध्य रोगी भी उस जल

में स्नान करता है और स्वस्थ व्यक्ति भी। वे किसी व्यक्ति या प्राणी को जल का उपयोग करने से मना नहीं करते और न ही किसी प्रकार का कोई विभेद करते हैं। परन्तु हम एक चेतनशील प्राणी होकर भी जाति, धर्म, रंग के आधार पर विभेद करते रहते हैं, अमीरी-गरीबी के आधार पर अन्तर करते रहते हैं। यहाँ तक कि एक अमीर व्यक्ति भी दूसरे अमीर व्यक्ति से एवं एक गरीब व्यक्ति दूसरे गरीब व्यक्ति से ईर्ष्या-द्वेष करते हैं। इस प्रकार की सोच एवं भाव कितना सही और कितना गलत है, इसका निर्णय आप खुद करें। यह मैं आप पर छोड़ रहा हूँ।

आप खुद सोचें कि क्या ईश्वर ने हमें चेतनशील प्राणी इसलिए बनाया है कि हम एक-दूसरे के बीच विभेद करें। दूसरों के साथ ईर्ष्या-द्वेष रखें और जो मन में आए, वह करें। मेरे विचार से जाति, धर्म, रंग, वर्ग के आधार पर किसी के साथ विभेद करना और ईर्ष्या-द्वेष की सोच रखना गलत ही नहीं, अपराध है। यह प्रकृति के नियमों से प्रतिकूल है और मानवता के नाम पर कलंक है।

याद रखें—

यदि हम दूसरों को प्यार नहीं दे सकते तो नफरत क्यों करें। किसी के साथ सद्भाव नहीं रख सकते तो दुर्भाव क्यों रखें?

क्या इसी के लिए हमें यह अनमोल जीवन मिला है कि हम दुर्भावनाओं से ग्रसित रहें। एक-दूसरे के बीच नफरत फैलाते रहें और खुद जलते रहें? आप खुद सोचें और मनन करें। यदि हम दुर्भावनाओं से ऊपर उठ नहीं पाते तो क्या हम श्रेष्ठ प्राणी कहलाने के योग्य हैं। यदि हम श्रेष्ठ प्राणी होने के गौरव को प्राप्त करना चाहते हैं, तो दुर्भावनाओं से ऊपर उठें।

याद रखें—

दुर्भावनाओं से ऊपर उठने वाला व्यक्ति ही साधारण मानव से महामानव बन जाता है।

इस दुनिया में रूपवान, गुणवान, धनवान और बलवान व्यक्ति की कमी नहीं है। एक से बढ़कर एक रूपवान, गुणवान, धनवान, बलवान व्यक्ति मिल जाएँगे, लेकिन इसमें से अधिकांश व्यक्ति इन गुणों का सदुपयोग जग कल्याणार्थ नहीं करते, उल्टे व्यर्थ के दर्प में चूर रहते हैं। उन्हें लगता है कि मेरे जैसा रूपवान, गुणवान एवं अमीर व्यक्ति कोई नहीं है। मैं ही सबसे सुन्दर और मैं ही सबसे अमीर हूँ। मैं ही सबसे रूपवान एवं गुणवान हूँ। मैं ही सब कुछ हूँ, मेरे अलावा कोई कुछ नहीं है। इस प्रकार की बातें उनके अहं को दर्शाता है। ऐसे व्यक्ति

अपनी गलत बातों को भी सही ठहराते हैं और दूसरों को धन एवं बल के दर्प में अपनी बातें मनाने को बाध्य कर देते हैं। दोस्तो!

याद रखें—

आपके पास जो कुछ भी है, वह ईश्वर का दिया हुआ है। आपका अपना कुछ भी नहीं है। आपका यह शरीर माता-पिता का दिया हुआ है। आपको सोचने-समझने की शक्ति एवं कुछ कर दिखाने का जज्बा ईश्वर ने दिया है। आपको शिक्षा दूसरों ने दी है। आपको रोजगार दूसरों ने दिया है। आपको मान-सम्मान दूसरों ने दिया है। आपको शमशान भी दूसरे ही ले जाएँगे। मृत्यु के बाद आपका धन दूसरे बाँट लेंगे तो फिर घमंड किस बात का। आपने खुद तो कुछ भी निर्माण नहीं किया, केवल उसे अर्जित किया है। इन चीजों को कभी भी कोई दूसरा योग्य व्यक्ति प्राप्त कर सकता है, तो अहं किस बात का।

अगर आप अमीर हैं, तो आप अपनी अमीरी पर घमंड नहीं करें, बल्कि इन संसाधनों का सदुपयोग रचनात्मक कार्यों तथा जग-कल्याण में करें। घमंडी की जगह मधुर बनें, दीन-दुखियों की सेवा में धन का सदुपयोग करें। अगर आप बलवान हैं, तो इस शक्ति का सदुपयोग निर्बल को सहारा देने में करें। आप गुणवान हैं तो दूसरों को गुणी बनाएँ ताकि जग का कल्याण हो सके। आप रूपवान हैं, तो उस रूप को यौवन के बाद प्रौढ़ावस्था में भी बनाए रखें। कुरूप व्यक्ति को हेय दृष्टि से न देखें। किसी से ईर्ष्या-द्वेष न रखें और न ही प्राप्त धन एवं बल पर अहं करें। आप दुर्भावनाओं से ऊपर उठकर एवं सद्विचारों को ग्रहण करके ही अच्छा आदमी बन सकते हैं। आप ऐसा करके देखें, आपका व्यक्तित्व सुन्दर एवं अनमोल बन जाएगा। आप सर्वत्र मान-सम्मान पाएँगे और दूसरों के लिए उदाहरण बन जाएँगे। आप दुनिया की नजर में अनमोल नजीर बन जाएँगे।

याद रखें—

मन में अच्छे एवं बुरे दोनों प्रकार के भाव आते हैं। जो व्यक्ति सद्भाव को ग्रहण कर दुर्भावनाओं से ऊपर उठ जाते हैं, वे आम से खास और मानव से महामानव बन जाते हैं।

परोपकार करने की शक्ति

इस दुनिया में जितने भी जीव-जन्तु हैं, उनमें मनुष्य ही एक ऐसा प्राणी है, जिसके अन्दर परोपकार करने की शक्ति है। यह शक्ति आपको नैसर्गिक रूप में प्राप्त है, परन्तु इसका सदुपयोग करने की जिम्मेवारी आपकी खुद की है। अगर आप परोपकार रूपी शक्ति का महत्त्व समझते हैं और इसका सदुपयोग जरूरतमंदों के लिए करते हैं तो निश्चित है कि आप इस अनमोल जीवन का मूल्य समझते हैं। आपको खुद का मूल्य मालूम है एवं आपके अन्दर मानवीय संवेदना और इंसानियत के गुण हैं। ठीक इसके विपरीत आप अनमोल जीवन प्राप्त करने के ऊपरान्त भी दीन-दुखियों की सेवा नहीं करते, जन कल्याण नहीं करते, दूसरों के काम नहीं आते, तो फिर इस अनमोल जीवन का क्या औचित्य? इस जीवन की सार्थकता तब है, जब हम खुद का और दूसरों का कल्याण कर सकें। जरूरतमंदों के काम आ सकें। जो व्यक्ति परोपकार का अर्थ नहीं समझते, वे धन, बल, विद्या से समर्थ होने के ऊपरान्त भी दूसरों का परोपकार नहीं करते हैं। ऐसे व्यक्ति मानव प्राणी की श्रेष्ठता पर खुद प्रश्नचिह्न खड़ा करते हैं।

अतः महत्त्वपूर्ण यह है कि पहले हम परोपकार का अर्थ समझें। आप जानते हैं कि परोपकार हिन्दी के दो शब्द 'पर' और 'उपकार' से बना है। 'पर' का अर्थ होता है—दूसरा और 'उपकार' का अर्थ होता है—भला करना। इस प्रकार परोपकार का शाब्दिक अर्थ है—"दूसरों का भला करना।" विचारणीय बिन्दु यह है कि भला कौन कर सकता है और किसका भला किया जाना चाहिए। मेरे विचार से किसी भी जरूरतमंद व्यक्ति का भला जाति, धर्म, वर्ग विभेद से ऊपर उठकर करना ही परोपकार है। परोपकार करना मनुष्य का धर्म और कर्त्तव्य दोनों हैं। अतः हर व्यक्ति को अपनी शक्ति के अनुरूप दूसरों का भला करना चाहिए।

हमारे धर्मशास्त्रों में भी परोपकार करने को धर्म बताया गया है। अठारह पुराणों की रचना ऊपरान्त वेद व्यास ने निचोड़ रूप में जो श्लोक लिखा, वह उल्लेखनीय है—

अष्टादश पुराणेषु व्यासस्य वचनद्वयम्।
परोपकाराय पुण्याय, पापाय परपीड़नम्॥

दूसरों की सेवा करने को धर्म बताया गया है। अत: किसी दीन-हीन व्यक्ति एवं दुखी प्राणी की सेवा करने और जरूरतमंदों को यथोचित दान देने में कोई कोताही न बरतें। सदैव दुखी प्राणी की सेवा करें एवं जरूरतमंदों का भला करने का संकल्प लें। यही मानवता है और अनमोल जीवन का औचित्य भी। दुख की बात यह है कि प्राय: लोग परोपकार का अर्थ नहीं समझते और कहते हैं कि मेरे पास उतना धन और सामर्थ्य नहीं है कि मैं दूसरों की मदद कर सकूँ। मेरे पास उतना धन नहीं है कि मैं दूसरों को दान दे सकूँ। मेरे पास इतनी सामर्थ्य नहीं है कि मै दूसरों की सेवा कर सकूँ। मेरे पास जो भी धन है, अगर उसे दान करता रहूँ तो स्वयं भिखारी बन जाऊँगा। मैं खुद गरीब हूँ। भला मैं दूसरों की क्या मदद कर सकता हूँ। ऐसे व्यक्ति दूसरों का परोपकार करना नहीं चाहते और सिर्फ अपने बारे में सोच-सोचकर परेशान रहते हैं। कुछ लोगों के पास धन एवं समार्थ्य की कमी नहीं होती है, फिर भी वे परोपकार करने की सोच नहीं रखते।

मेरा मानना है कि गरीब-से-गरीब व्यक्ति भी दूसरों का परोपकार कर सकता है। उसके अन्दर दूसरों का भला करने की इच्छाशक्ति होनी चाहिए। मदद करने के लिए धन से ज्यादा महत्त्वपूर्ण आपकी सोच है। अगर आपकी सोच किसी का उपकार करने की है, तो इसके लिए धन की नहीं, मन की जरूरत है। अगर आपके मन में परोपकार का भाव है तो निश्चित रूप से आप दूसरों की मदद करने में सफल होंगे। परन्तु प्रश्न यह उठता है कि हम—

- परोपकार किसका करें?
- परोपकार कब करें?
- परोपकार क्यों करें?

किसी भी व्यक्ति का उपकार करने के पूर्व यह सोचना आवश्यक है कि हम किसका उपकार करें? हम जिसका उपकार करना चाहते हैं, क्या वह व्यक्ति इसके योग्य है? क्या उस व्यक्ति का उपकार करने से उसका और समाज का भला होगा? उस व्यक्ति को किस चीज की जरूरत है? इत्यादि बातों पर ध्यान रखें। कहने का आशय है कि हम जिस व्यक्ति का परोपकार करना चाहते हैं,

उस पर विचार करें कि हम इसका भला क्यों करें? अत: किसी व्यक्ति का परोपकार करने के पूर्व उक्त प्रश्नों पर जरूर विचार करें और ऊपर्युक्त प्रश्नों पर विचारोपरान्त ही उस व्यक्ति की मदद करने का निर्णय लें। अगर आप ऊपर्युक्त प्रश्नों पर बिना मनन किये किसी की मदद करते हैं, तो सम्भव है कि आपकी मदद सार्थक न हो। उस स्थिति में आपका मदद करना व्यर्थ चला जाएगा। आप दूसरों का परोपकार अवश्य करें, परन्तु ऊपर्युक्त प्रश्नों पर विचारोपरान्त ही करें, ताकि आपका कार्य सार्थक एवं समाज को राह दिखाने वाला हो। अगर आप ऐसा करते हैं तो इससे उसका कल्याण होगा और आपको भी खुशी मिलेगी। अगर आपके मन में दुविधा हो कि हम परोपकार किसका करें तो निश्चित रूप से उस व्यक्ति का परोपकार करें, जो उसके योग्य हो और उसे उसकी जरूरत हो। मदद करते समय इस बात का भी ध्यान रखें कि हम जो मदद कर रहे हैं, उसकी परिणति कितना सार्थक एवं कितना महत्त्वपूर्ण है।

परोपकार का एक रूप दान करना है और प्राय: लोगों के नजरिये में दान का अर्थ रुपये-पैसे, सोने-चाँदी है। परन्तु मेरे नजरिया में दान का अर्थ व्यापक है। अत: यह विचारणीय प्रश्न है कि आप दान क्या करें और किसको करें? हमारे धर्मशास्त्रों में भी बताया गया है कि समाजहित में, गरीब व्यक्ति को हालात से बाहर निकालने में, भूखे व्यक्ति की क्षुधा को शांत करने हेतु दान अवश्य करें। हर व्यक्ति को दान करना चाहिए और दान करने के लिए सोने, चाँदी, आभूषण या रुपये-पैसे की जरूरत नहीं सोच की जरूरत है। यह हमारा धर्म है कि हम अपनी सोच के अंश का, समय का, श्रम का दान समाज कल्याणार्थ करें। भूखे, गरीब, लाचार व्यक्ति के कल्याणार्थ दान करें। इसके महत्त्व को कवि दिनकर 'रश्मिरथी' काव्य में यों चित्रित करते हैं—

दान जगत का प्रकृत धर्म है, मनुज व्यर्थ डरता है।
एक रोज तो हमें स्वयं सब कुछ देना पड़ता है॥
बचते वही समय पर जो सर्वस्व दान करते हैं।
ऋतु का ज्ञान नहीं जिनको, वे देकर भी करते हैं॥

मेरे विचार से समाज के हर व्यक्ति को दान करना चाहिए। जनहित में, समाज हित में, राष्ट्र हित में। मानवता के नाम पर, दीन-दुखियों के कल्याण के नाम पर परन्तु दान करने से पहले यह जानना आवश्यक है कि हमें किन चीजों का दान करना चाहिए। किस व्यक्ति या संस्था को दान करना चाहिए? हमारे दान करने का उद्देश्य क्या है? क्या हमारा दान जनहित एवं समाजहित में है?

क्या हमारा दान सार्थक है? अगर हमें ऊपर्युक्त बातों की समझ है और ऊपर्युक्त बातों पर विचार कर दान करते हैं, तो हमारा दान सार्थक और समाजहित में है। हमारा दान धार्मिक एवं औचित्यपूर्ण है। अगर हमें ऊपर्युक्त बातों की समझ नहीं है, तो सर्वप्रथम दान का अर्थ एवं औचित्य समझें।

मेरे विचार से दान का अर्थ दूसरों के काम आना है। दीन-दुखियों की सेवा करना है। दूसरों का कल्याण करना है, ताकि दुखी व्यक्ति को खुशी मिल सके। वह व्यक्ति भी अपने पैरों पर खड़ा हो सके, अपना काम खुद कर सके। आप ऐसा करके देखें—उस व्यक्ति की आत्मा आपको दुआ देगी और आपको भी आत्म सुख की प्राप्ति होगी। महत्त्वपूर्ण यह है कि आप दान दूसरों के दबाव में नहीं, खुशी-खुशी करें। प्राप्तकर्त्ता भी खुशी-खुशी आपका दान स्वीकार करने को तैयार हो। उस स्थिति में आपका दान सार्थक होगा।

याद रखें—

अगर दान व्यक्ति हित के साथ-साथ समाज एवं राष्ट्रहित में है तो उस दान की महत्ता बढ़ जाती है।

मेरे विचार से दान मुख्यत: चार प्रकार के होते हैं—

- श्रम दान
- अंश दान
- विद्या दान एवं
- समय दान

प्राय: लोगों का मानना है कि मेरे पास इतना धन नहीं है कि मैं दान दे सकूँ। मैं उतना अमीर नहीं हूँ कि दूसरों की मदद कर सकूँ। मैं खुद गरीब हूँ, तो दूसरों को क्या दान दे सकता हूँ? ऐसे लोगों को यह समझ नहीं होती कि सिर्फ पैसा, कपड़ा, सोना-चाँदी, सामग्रियाँ, खाद्यान्न बाँटना ही दान नहीं है। यदि हम दान करना चाहें तो हमारे पास इसके अतिरिक्त भी बहुत-सी महत्त्वपूर्ण चीजें हैं, जिनका दान कर हम दूसरों का कल्याण कर सकते हैं। हमारे पास रुपये-पैसे नहीं हैं, तो क्या हुआ? हमारे पास दान करने के लिए उससे भी कीमती चीजें हैं। आप अमीर नहीं हैं, तो क्या हुआ? आपके पास जरूरत से ज्यादा सामग्री नहीं है तो क्या हुआ? आपके पास तो दूसरों को देने के लिए बहुत कुछ है, बशर्ते कि आप दान देना चाहते हों तथा दान का अर्थ एवं औचित्य समझते हों।

जैसे—आपके पास पैसे नहीं हैं, लेकिन आप शारीरिक रूप से बलिष्ठ हैं तो आप श्रमदान कर समाज का कल्याण कर सकते हैं। निर्बल एवं कमजोर व्यक्ति

को सहारा दे सकते हैं। इस प्रकार का दान रुपये-पैसों से बड़ा दान है। आपको बहुत से ऐसे लोग मिल जाएँगे, जिनके पास रुपये-पैसे की कमी नहीं होती, परन्तु बुढ़ापे में उनकी सेवा करने वाला कोई नहीं होता है। ऐसे व्यक्ति को बुढ़ापे में रुपये-पैसे की जरूरत नहीं, दूसरों के श्रमदान एवं समय दान की जरूरत होती है। प्रायः लोग श्रमदान करने में संकोच करते हैं। उन्हें शर्म आती है कि मैं दूसरों की सेवा कैसे करूँ? लोग क्या कहेंगे, इस प्रकार की सोच गलत है। मानवता की सेवा करना सबसे बड़ा धर्म है। आप वैसे लोगों को अपना समय दें, श्रमदान करें।

याद रखें—

दूसरों की सेवा करना शर्म की बात नहीं, सौभाग्य की बात है।

दुख की बात यह है कि वर्तमान दौर में कुछ लोग अपने बूढ़े माता-पिता की सेवा नहीं करते। उन्हें माता-पिता की सेवा करने में भी शर्म आती है या विभिन्न बहाना बनाते हैं। क्या यही मानव धर्म एवं पुत्र धर्म है? आप खुद सोचें! आप युवा हैं, शरीरिक रूप से सौष्ठव एवं बलशाली हैं। आप किसी भी लाचार, दिव्यांग, वरिष्ठ नागरिक को अपना समय एवं श्रमदान कर उनकी मदद कर सकते हैं। आप किसी बीमार या दुर्घटना में घायल व्यक्ति की सहायता कर सकते हैं। सम्भव है, उन्हें पैसे की जरूरत नहीं, आपके समय एवं श्रम की जरूरत हो। जैसे—कोई व्यक्ति सड़क किनारे दुर्घटना में घायल गिरा हुआ है। वह दर्द से कराह रहा है और उसके पास पैसे भी हैं। परन्तु आप उन्हें अस्पताल ले जाने हेतु अपने समय एवं श्रम का दान नहीं करते, तो हो सकता है कि उसकी मृत्यु भी हो जाय। वैसे व्यक्ति को आप अपना समय एवं श्रमदान कर उसे अस्पताल पहुँचा कर नया जीवन दे सकते हैं। अगर आप ऐसा नहीं करते तो क्या आप मानवता के नाम पर कलंक नहीं हैं? क्या मानव होने के नाते आपका उस व्यक्ति के प्रति कोई धर्म नहीं है। इसी प्रकार कोई वयोवृद्ध व्यक्ति, जिसके पास पैसे की कमी नहीं है, परन्तु उसकी कोई देख-रेख करने वाला नहीं है। उनके बच्चे बाहर रहते हैं। आप वैसे व्यक्तियों को अपना समय एवं श्रमदान कर उन्हें मदद पहुँचा सकते हैं। उनका दिल जीत सकते हैं। आप ऐसा करके देखें—आपको गजब की खुशी मिलेगी। आपको यह महसूस होगा कि आपने किसी जरूरतमंद की मदद कर मानव जीवन के औचित्य को साकार किया है। मैं तो सिर्फ इतना अनुरोध करूँगा कि आप खुद का औचित्य समझें और जरूरतमंदों को अपना समय एवं श्रम दान कर पुण्य का भागी बनें।

आइए! हम विद्या दान की बात करें। मेरा मानना है कि समस्त दानों में विद्या दान सबसे महत्त्वपूर्ण दान है। यह सबसे श्रेष्ठ दान है। इससे सिर्फ व्यक्ति का

नहीं, समाज का कल्याण होता है। आपके पास पैसे नहीं हैं, परन्तु विद्या रूपी सम्पदा है। उन्नत विचार हैं, तो आप विद्या-दान कर दूसरों का कल्याण कर सकते हैं। दूसरों की सोच बदलकर उन्हें नई राह दिखा सकते हैं। आप उन्हें मूल्यों का अर्थ एवं औचित्य बताएँ। जिन्दगी जीने की कला सिखाएँ, नई राह दिखाएँ। अगर आप ऐसा करके किसी व्यक्ति के जीवन की दिशा एवं दशा बदल देते हैं, तो इससे बड़ा दान कुछ भी नहीं है। हर व्यक्ति ऐसा कर सकता है, उसके अन्दर इच्छाशक्ति होनी चाहिए। आपको उनकी शक्ति को याद दिलाने की जरूरत है। अगर आपके पास कोई तकनीकी ज्ञान है, तो उस तकनीक को बनाए रखने हेतु तकनीक का दान करें। अगर आपके पास कोई पुरानी एवं नई स्किल है, तो उसका दान करें। कदापि यह न सोचें कि मैं तकनीक का दान करूँगा तो गरीब बन जाऊँगा। विद्या दान ऐसा दान है जो बाँटने से घटता नहीं, बल्कि बढ़ता है। अत: विद्या रूपी सम्पदा का दान करने में कोई कोताही न बरतें। यदि आप प्राप्त विद्या का दान दूसरों को नहीं करते या आपकी विद्या से दूसरों का परोपकार नहीं होता, तो आपका ज्ञान बेकार है।

अत: आपके पास ज्ञान और अनुभव का जो खजाना है, उसका दान अवश्य करें। दान करने से आपका कुछ घटता नहीं, बल्कि और बढ़ता है। आप हमेशा अच्छी सोच का दान करें। अपने समय का दान करें, अपने विद्या एवं अनुभव का दान करें। विद्या दान अन्य सभी दानों से श्रेष्ठ है। यह किसी व्यक्ति को स्थायी रूप से ऊपर उठाने में मदद करता है। यदि आप किसी को पैसा देते हैं, एक दिन अपना श्रमदान करते हैं या एक घंटे अपने समय का दान करते हैं, तो उसका औचित्य उतनी ही देर तक रहता है, लेकिन आप विद्या दान कर किसी व्यक्ति की सोच बदल देते हैं, तो उसके जीवन की दशा बदल जाती है। वह ताउम्र आपको याद रखता है। इसी प्रकार यदि कोई व्यक्ति निरक्षर है और आप उसे साक्षर बना देते हैं। उसके अन्दर किसी प्रकार का स्किल विकसित कर देते हैं, कोई कला सिखा देते हैं, तो वह आजीवन उसे काम देता है। जिन्दगी भर वह व्यक्ति आपका गुणगान करता है।

अंशदान—प्राय: लोग दान का मतलब रुपये-पैसे का दान, कपड़ा-लत्ता का दान, किसी सामग्री का दान से लगाते हैं। जबकि अंश दान का मतलब है, आपके पास जो कुछ भी है या जो भी आप अर्जित कर रहे हैं उसका कुछ अंश सुयोग्य व्यक्तियों को दान करें। आप जिस क्षेत्र में कार्य कर रहे हैं और जिस रूप में अर्जन कर रहे हैं, उसका कुछ-न-कुछ अंश जरूरतमंदों को दे दें। जैसे—किसान अपने खेतों में विभिन्न प्रकार की फसल उपजाता है। वह अपनी

उपार्जित फसल का कुछ अंश भूखे लोगों के लिए दान करें। कोई व्यक्ति व्यवसाय करता है तो वह अपने अर्जित आय का अंश या व्यावसायिक सामग्रियों का कुछ अंश जरूरतमंदों के लिए दान करें। जैसे—कोई दवा व्यवसायी है। वह मुनाफा में धन अर्जित करता है। ऐसा व्यक्ति अर्जित आय का अंश या दवा का ही अंश दान कर सकता है। दवा व्यवसायी आपदा प्रभावित परिवारों या दीन-हीन बीमार व्यक्तियों के बीच दवा का दान कर उनका कल्याण कर सकते हैं। यदि कोई व्यक्ति सरकारी या प्राईवेट नौकरी करता है, तो उसे प्रत्येक माह वेतन मिलता है। उसे अपने मासिक वेतन का कुछ अंश दान करना चाहिए। यदि वह अपने मासिक वेतन का कुछ अंश जरूरतमंदों के लिए दान करता है, तो उसका लाभ समाज को मिलता है।

कहने का आशय है कि हर व्यक्ति को अर्जित धन का कुछ अंश या उत्पादित सामग्रियों का कुछ अंश दान करना चाहिए। इससे आपका एवं समाज का कल्याण हो सकता है। मैं सिर्फ इतना कहूँगा कि आप दान अवश्य करें, परन्तु दान करते समय इस बात का जरूर ध्यान रखें कि वह व्यक्ति दान लेने का पात्र हो और उसे दान की जरूरत हो। यदि आप जरूरतमंदों को दान नहीं करते हैं, तो यह निरर्थक है। निरर्थक दान या अयोग्य व्यक्तियों को दान करना झूठे शौर्य का प्रदर्शन है। अकर्मण्य व्यक्ति, सबल व्यक्ति एवं शारीरिक रूप से पुष्ठ व्यक्ति को कदापि दान न करें, नहीं तो आप पुण्य की जगह पाप के भागी बनेंगे।

ध्यान रखें—

आपके पास पैसा नहीं है, कोई विद्या नहीं है, लेकिन पर्याप्त समय है, तो अपने समय का दान दूसरों के परोपकार में करें।

समय दान भी महत्त्वपूर्ण दान है। आपके समय देने से कोई अस्वस्थ व्यक्ति स्वस्थ हो सकता है, कोई दुखी व्यक्ति सुखी हो सकता है, बेसहारा को सहारा मिल सकता है, कोई निराश एवं मुरझाया व्यक्ति मुस्कुरा सकता है। अत: समय का दान करने में कंजूसी न करें। जैसे—आपके पास शारीरिक बल है, धन है, विद्या भी है, लेकिन आप इन चीजों का दान करने में अपना समय नहीं देते हैं, तो प्रचुर संसाधन उपलब्ध होने के बावजूद आपकी सम्पदा का कोई औचित्य नहीं रह जाएगा।

याद रखें—

हर व्यक्ति के पास दिन और रात मिलाकर 24 घंटे ही होते हैं और हर व्यक्ति के जीवन का भी समय निर्धारित है।

आप अपने समय का बेहतर सदुपयोग खुद और दूसरों के कल्याण में कर सकते हैं। समय का बेहतर प्रबंधन करके ही आप दान देने के लायक बन सकते हैं क्योंकि समय ही धन और पूँजी है। कहने का आशय है कि आप प्रतिदिन 24 घंटे में से कुछ घंटे, प्रत्येक सप्ताह का कोई एक दिन, प्रत्येक माह का एक या दो दिन निश्चित रूप से जरूरतमंद लोगों के कल्याणार्थ दान करें। अपने समय का दान किसी दुखी व्यक्ति की सेवा-सुश्रुषा करने, अनाथालय या वृद्धाश्रम में रह रहे लोगों के कल्याणार्थ अवश्य करें। अपने समय का दान किसी व्यक्ति के जीवन स्तर को ऊपर उठाने और संकुचित व्यक्ति के सोच को बदलने के लिए अवश्य करें।

याद रखें—

आपका दान केवल धर्म और कर्त्तव्य से ही नहीं, बल्कि दायित्व से भी जुड़ा है। अतः समाज के प्रति अपने दायित्वों को समझें और यथाशक्ति सुपात्र व्यक्तियों को दान करें।

हाँ! दान करने से पूर्व आप इस बात का जरूर ध्यान रखें कि जिसे आप दान दे रहे हैं, वह इसे पाने की पात्रता रखता हो। अगर वह दान का पात्र है, तो निश्चित रूप से उसे दान दें। बेहतर यह होगा कि उन्हें जिन सामग्रियों की जरूरत हो और जितनी जरूरत हो, उतना ही दान करें। अनावश्यक दान या जरूरत से ज्यादा दान कदापि न करें, अन्यथा यह उस व्यक्ति को अच्छा बनने के बजाय बुरा बना सकता है।

ध्यान रखें—

आप अपात्र व्यक्ति को दान देकर पुण्य के नहीं, पाप के भागी बन जाएँगे।

शौर्य प्रदर्शन हेतु दान कदापि न करें। दान जब भी करें सुपात्र व्यक्तियों को करें। ऊपर्युक्त तथ्यों से स्पष्ट है कि जीवन की अनमोलता साकार करने के लिए हम सुपात्र व्यक्ति को दान करें। यही मानवता है और यही मानवीय धर्म है।

✪✪✪